高校行政管理工作的
创新与探索

胡海靖　著

中国青年出版社

图书在版编目(CIP)数据

高校行政管理工作的创新与探索/胡海靖著.

北京:中国青年出版社,2024.11.--ISBN 978-7

-5153-7579-3

Ⅰ.G647.2

中国国家版本馆 CIP 数据核字第 2024S38Y77 号

高校行政管理工作的创新与探索

作　　　者:胡海靖

责任编辑:刘　霜　罗　静　邵明田

出版发行:中国青年出版社

社　　　址:北京市东城区东四十二条 21 号

网　　　址:www.cyp.com.cn

编辑中心:010—57350508

营销中心:010—57350370

经　　　销:新华书店

印　　　刷:北京联兴盛业印刷股份有限公司

规　　　格:710mm×1000mm　1/16

印　　　张:8.5

字　　　数:115 千字

版　　　次:2024 年 11 月北京第 1 版

印　　　次:2024 年 11 月北京第 1 次印刷

定　　　价:68.00 元

如有印装质量问题,请凭购书发票与质检部联系调换

联系电话:010—57350337

前　言

随着时代的发展和社会的进步,高校作为人才培养和科学研究的重要基地,其行政管理工作的效率和质量直接关系到学校的整体发展和教育质量的提升。近年来,高校行政管理面临许多新的挑战和机遇,如何在新的形势下创新和探索高校行政管理工作,成为我们亟待解决的问题。

21 世纪知识经济时代需要大批优秀的创新人才,而培养创新人才的关键在于教育管理。高校作为培养创新人才的前沿阵地,只有大力进行教育管理的创新,才能适应新时期社会发展的需要。高等学校管理工作是学校工作的重要组成部分。目前,高校从事管理工作的教师肩负着立德树人的使命,必须拥有教书育人、管理育人、服务育人的教育理念,从实际情况出发,根据新时期大学生的特点,掌握必要的育人方法,提高管理素质,通过管理制度的制定、执行等,充分发挥管理育人职能。

本书论述严谨,结构合理,条理清晰,重点突出,通俗易懂,内容丰富新颖。教育对一个国家的发展有十分重要的作用,它是实现中华民族伟大复兴的前提与基础,全面建成社会主义现代化强国,要大力发展教育事业。随着我国高等教育事业的快速发展,高等教育理念、高等教育方式以及高等教育方法等都发生了较大的转变。我们要不断优化高校教学管理,只有这样才能满足当前时代发展对高校教育的要求。

在撰写本书的过程中,作者查阅和借鉴了大量的相关资料,在此向这些资料的作者表示诚挚的感谢。此外,本书的撰写还得到了相关专家和同行的支持与帮助,在此一并致谢。由于作者水平有限,加之时间仓促,书中难免出现纰漏,敬请广大读者批评指正。

目　录

第一章　高校行政管理研究概述

第一节　高校行政管理研究的背景与意义

一、研究背景

经济社会的快速发展对高校的要求也在不断变化,因此我国高校行政管理体制也在不断改革。随着我国社会主义市场经济的发展,国家对高校的投入不断增加。另外,行政管理学在目前被越来越多的人熟知,也有许多人去学习行政管理学。因此,我国的各大高校开始尝试探索一种针对行政管理学的研究方法。

二、研究意义

开展高校管理执行力的研究,不仅具有重要的理论价值,而且具有重要的实践价值,具体内容如下。

第一,理论价值。具体分析高校行政管理执行力的基本流程、理论框架、影响因素、改进措施。这不仅能使高校行政管理执行力的理论研究更加丰富,而且还能为后续的理论研究提供借鉴和参考。对高校行政管理执行力开展研究还有另一种理论价值,即对高校的行政管理者进行重新定位,进一步提高其为教学、科研以及科研成果转化服务的意识。

第二,实践价值。高校行政管理的保障作用主要是通过其服务功能实现的。行政管理所涉及的内容极为庞杂,高校运行和管理中许多事务都与行政管理工作相关。高校有三项共同的重要工作,即教学活动、科学研究以及科研成果转化。行政管理的最终目标是为这三项中心工作的顺利开展做好服务,其担负着行政组织和管理决策的重要责任。

总而言之,行政管理的过程就是对各种资源进行充分利用的过程,使这些资源更有效地促进教学活动的开展,促进科学研究的进行,促进科研成果的转化。通过组织协调和计划引导等手段,集中各方面力量为教学活动、科学研究、科研成果转化提供更好的服务。行政管理工作的有效展开,在很大程度上代表着一个学校的办学水平,决定着一个学校的办学效益。因此,开展高校行政管理执行力研究对于进一步提升我国高校的行政管理执行力、不断降低高校行政管理的成本、提高高校行政管理的效率具有重要的指导意义。

第二节　高校行政管理研究的方法与理论

一、研究方法

高校行政管理执行力的研究,可以采用以下研究方法。

第一,将定性与定量加以结合的研究方法。这种研究方法既通过文字描述的形式展开研究,又致力于建立一套指标性的体系,并将这些指标进行具体量化,从而将定量与定性有机地结合起来。

第二,将理论同实践加以结合的研究方法。任何研究都需要采取理论与实践相结合的方法。在进行本研究的过程中,研究人员不仅要搜集整理大量的资料和文献,还应深入实地开展调查研究,获得真实的第一手研究资料,以使研究成果更具准确性。

第三,将宏观同微观加以结合的研究方法。可以选取一些具有代表性的高校开展相关的问卷调查活动,调查结果可以作为微观研究的依据。还可以区域内的高校为单位开展宏观性调研,以此为依据,寻找能够促进高校行政管理执行力提升的决策办法和机制。

第四,跨学科开展综合性研究。随着科学的快速发展,现阶段不同学科间的界限不再像过去那样分明。在科学研究中,会越来越多地采取多学科相结合的方式进行,涉及的学科包括经济学、教育学、管理学等,并且需要对这些学科理论进行整合和创新。

二、研究理论

(一)治理理论

高校治理是校园内外部利益相关主体共同参与高校重大事务决策的结构和过程。高校治理包括外部治理和内部治理。外部治理主要是处理高校与政府、社会之间的关系;内部治理是处理学校内部的管理者与教师、学生之间的关系。

在治理理论的解释框架下,高校是国家政策的现实执行者。高校要充分发挥自身的优势,实现自主办学与管理自治,减少烦琐的行政工作,将重点放在做好教育工作上,为学生提供优质的教学服务。与此同时,在政府的监管下,高校积极贯彻发展方针,为学生提供优质的教育资源,协调好政府、社会、高校三方的合作关系,这是教育改革发展的现实需求。在高校的发展过程中,各相关利益方应明确责任,积极参与管理,并辅助高校决策,配合高校解决发展过程中遇到的各种问题。另外,应将学生、家长等作为学校的民主管理人员,在确定与教学工作和学生生活等相关的规则时,应广泛听取和接受学生及其家长的建议,积极构建利益协调与多元互助机制。

(二)行政组织理论

从管理学的角度来理解,行政是领导、组织、激励、控制的手段,以达成权力机关发布政策的目标与方针。行政是机构贯彻落实国家政策的方式。无论是企业性质的单位,还是事业性质的单位,包括妇联、工会等组织,都可以为了实现特定目标积极展开各种管理工作。

行政组织理论的代表人物是韦伯,他提出科层制行政组织理论,主要内容包括:①将组织活动细分给不同的人;②给每个职务以明确的权利以及义务;③根据职务要求进行培训;④管理者有明确的工资和升迁机会;⑤管理者严格执行规定与纪律;⑥管理以理性为指导,不带个人情感色彩。

行政组织理论的主要特点有：①职能分工明确，等级制度严密；②业务的处理和传递均以书面文件为准；③组织内的所有职务均由受过专门训练的人员担任，一切职务和管理人员都是任命的，组织内的每一个人员都必须恪尽职守，遵守相关的职责规定；④其组织方式追求理性和效率，组织利用其层级系统的权威、规范化和功能的专门化，使大规模复杂任务得以有效完成，行政管理由经验管理走向科学管理。

高校是集教育性、学术性、服务性、综合性于一体的组织，不仅要协调好与管理部门之间的关系，也要处理好内部的各院（系）之间的关系，更要服务好广大的学生群体。因此，高校的行政管理事务繁杂多变，应用行政组织理论分析我国高校行政管理工作十分必要。

(三)委托代理理论

委托代理理论是指在非对称信息环境下，市场主体间的经济关系形成了激励与约束机制并存的委托代理关系。委托代理关系的本质是合同关系，这种特殊的合同是由一种或几种不同的主体按照自身的利益实施某种行为，并据此赋予特定决策权力的过程。在此合同中，主动的主体是委托人，相对被动的主体是代理人。对于契约形式，委托人具有主动设计的权利，代理人则只能被动地拒绝或者接受。

委托代理关系是由委托人自行制定的报酬制度与契约合同，以促使代理人为委托人的权益采取行动。所以，激励兼容的信息机理是委托代理关系存在的基本问题。在无法观测的情况下，必须设计一种既能实现自身目标又能满足被授权方签署协议的方案，由此形成的制度被称为激励兼容的信息制度。

委托代理理论认为，在非对称性交易中，如果一方交易当事人的行为将会对对方的权益产生不利影响，那么由此形成的关系就是委托代理关系。委托代理关系存在于各种组织和协作形式中，在我国高校中也极为普遍。我国公立高校和私立高校的部分经费来源于国家的财政资助和税收减免，这在某种程度上决定了高校的办学属性。在我国，涉及委托代理层次的关系主要包括以下内容。第一,公民与政府之间存在的委托代理关系。在我国,高校属于公民共有的公共教育资源。在公共服务环节,公民将公共资源交由政府经营和管理,从而产生了公民与政府的委托代理关系。第二,政府与高校领导之间存在的委托代理关系。政府以高校的名义向民众提供高等教育资源和服务,在这种委托代理关系中,政府充当委托人的角色,高校充当代理人的角色。第三,高校内部管理结构之间存在的委托代理关系。高校内部的管理机构和教研室之间、教研室与教师之间、行政主管与被管理人员之间都存在着委托代理关系。

(四)新公共管理理论

作为公共行政范式的创新性代表,新公共管理是当前我国公共行政领域的变革性运动。教育是培养个体走向社会化的重要途径。教育活动具有促进社会进步和维护社会存在的双重作用,与此同时,教育活动还可以满足个体的心理与精神需求。教育的功能决定了教育产品的性质。①只有满足了人类的发展需求,教育产品才具备"公共物品"的性质。"公共物品"是一种非竞争性、非排他性商品,"公共物品"的消费或使用,会对任何人产生影响。②在提高个体的精神愉悦和心理满意度方面,教育产品又具有"私人物品"的性质。私人物品与公共物品相比,具有消费的排他属性。所以,与纯粹的公共物品或纯粹的私人物品相比,教育产品既不属于纯粹的公共物品,也不属于纯粹的私人物品,而是介于二者之间的"特殊混合产品"或"准公共物品"。

作为准公共物品的教育产品,由于具有公共物品的部分属性,在本质上属于高校内部高等教育管理的重要组成部分。在市场经济条件下,高校要取得更大的发展,必须通过改革组织结构,健全运作机制,提升运作效能,培育能够适应时代发展需求的高素质人才,这些都符合公共管理落实核心价值理念时对管理绩效的追求。因此,运用新的公共管理学观点,对当前国内高校治理所面临的问题进行深入研究显得极为必要。

第三节　高校行政管理研究的技术路线

高校综合管理信息系统（University Integrated Management Information System，UIMIS）是复杂的有机统一系统。与相对简单的管理信息系统相比，高校综合管理信息系统表现出的聚合属性更为显著。分布在底层的数据处理系统（Data Processing System，DPS），借助数据接口之间的有效连接，在信息平台上促进信息的加工与提炼、归纳与聚合，并引入管理决策模型和知识库模型，最终形成决策支持系统（Decision Support System，DSS）的终端界面。由此可知，DSS 体系结构的实现与 UIMIS 和 DPS 密不可分。

在实施数字校园计划的过程中，要根据不同高校自身的特征和具体的情况，科学地选取最高效的建构方式和体系结构。高校的综合管理信息系统具有鲜明的复杂性和规模性，回顾国内外高校的数字化发展历程，从整体上来看，高校综合管理信息系统的整体结构体现了系统功能和数据信息之间存在的合理关系，这种关系的稳定情况将影响综合管理信息系统的安全、有效运行。

一、独立式技术路线

"独立自主"是部分高校在构建"一体化综合管理信息系统"时所采用的常见模式。在建立综合管理信息系统初期，不少高校已经建立起了独立的运营管理体系。例如，人事、设备、财务甚至教务等方面。最行之有效的方法，是借助校内网将管理信息系统和事务处理系统联结在一起，实现信息的共享、交换与传递。

在独立式集成综合管理信息系统的整体结构中，支持平台与事务处理平台是最重要的内部平台。高校各部门普遍支持并认可综合管理信息系统的建设工作。不同管理系统共用的数据接口数量有限，产生矛盾的可能性较低，因此管理系统之间可以平稳共存。但是，正是由于业务数据的彼此独立,在信息架构方面通常很难实现真正意义上的信息综合。

二、集中式技术路线

目前,越来越多的高校正在认清独立式架构存在的缺陷,并逐渐地接受了集中式综合管理信息系统。集中式综合管理信息系统最显著的特征体现在数据信息的集中管理与共享。在集中式综合管理信息系统中,数据信息必须获得强有力的信息集成技术的支撑,并在"信息集管理"和"统计指标体系管理"模块中完成课题研究任务,这使得这项工作既艰巨又耗时。

随着网络存储技术的发展,近些年,新技术和新思路也不断引入高校的管理信息系统建设中来。在教育领域整合信息技术,对于教育工作质量的进一步改进与效率的进一步提升会起到至关重要的作用,并且在现如今的高校教育工作体系中,信息技术也彰显出了一定的应用价值,利用信息技术开展高校行政管理工作可切实解决传统工作模式中的问题。

三、分布式技术路线

在独立式、集中式技术路线之后,一种可称为分布式的总体架构在一些高校中实现。分布式的总体架构将综合管理信息系统的各个数据库进行必要的逻辑分割和业务平台组合,并按业务平台需求聚合成多个数据库系统,再利用网络存储系统实现在校园网上的分布式部署。根据不同模块的性质与职能,其可以将不同类型的管理信息平台划分为办公自动化平台、业务管理平台和信息服务平台。比如,办公自动化平台的构建主要是为了满足高校文件流转的现实需求,资源数据库的共享,为高校内部各行政机关开发与管理校内信息资源库创造了条件,部分高校甚至在此基础上建设了校内的数据中心。按照功能对管理信息系统进行分组规划后,可以有效降低系统分析的复杂程度。办公自动化系统有利于高校进行科学管理,在高校的管理服务平台上,将各个部门的业务信息整合到信息资源平台上。利用信息化手段,可以方便地利用高校的数据进行加工与处理。

　　分析上述各综合管理信息系统的整体体系结构可以发现,高校综合管理信息系统的架构既反映了我国高校综合管理信息系统技术的发展过程,又体现了我国高校信息化技术的发展趋势。因此,通过比对与分析以上总体架构的核心属性得出的结论表明,高校若办学规模大,办学实力强,可以采用集中式结构。随着各种资源的不断融合,集中式体系结构越来越不适应新发展带来的新改变,但是此种架构的实用性和灵活性更为突出。所以,在高校集成体系结构的选取上,只有结合高校的实际需求和建设条件,才能构建理想的高校综合管理信息系统。

第二章　高校行政管理的理论分析

第一节　行政管理的内涵与组织

一、行政管理的本质内涵

(一)行政管理的产生过程

要成为一名合格的行政管理者,不仅要有较强的管理能力,还要明白管理的本质是什么。行政管理是基于人类获取物质生活资料,确保自身安全的需要而产生的有组织的社会行为,是人类共同劳动的产物。在多人从事的集体劳动条件下,为使劳动有序进行,必须进行组织与协调,这就是行政管理。因此,行政管理的产生具有客观必然性,这种客观必然性主要体现在以下三个方面。

第一,行政管理在生产高度社会化的条件下得到发展。在电脑技术与网络技术高度发达的信息时代背景下,知识的作用日趋凸显。随着生产力的发展,各种实体组织与虚拟组织规模扩大,资源配置越来越复杂,物质生产与知识生产各环节的相互依赖性越来越强,这些都要求有更高水平和更大强度的行政管理与之相适应。行政管理在工业化、信息化条件下不断得到强化与发展。

第二,行政管理广泛适用于人类社会生活的各个领域。从工商企业到政府机关、事业单位及其他一切组织,从治国安邦到生产经营、社会生活,无不存在行政管理,无不需要行政管理,无不依赖行政管理。因此,行政管理具有普遍性。

第三,行政管理已成为现代社会极为重要的、不可或缺的社会机能。

随着信息化时代的来临,人类文明的不断进步以及社会的高度发展,行政管理作为不可或缺的社会机能,其作用日益显著。行政管理是保障社会秩序与经济秩序,合理配置资源,有效协调与指挥社会各类活动,开发人力资本,调动人的积极性,实现社会及各组织目标的关键性手段。

(二)行政管理的概念界定

行政管理包括"行政"与"管理"两个概念。正确认识行政与管理的关系是理解行政管理内涵的关键。"行政"与"管理"在概念的内涵上有着明显的差异。"行政"内含"管理"的基本内容,是一种有着特殊形式和内容的"管理"。但"行政"不同于"管理","行政"是为了维持组织自身稳定和安全运转做出的有序化、条理化和制度化的行为选择,突出了组织的公平与公正;而"管理"则突出了组织运行的程序和效能。因此,行政不是简单的管理活动,其目标是追求公共利益,强调管理者所承担的社会责任。人们为了突出行政的管理特征,把行政与管理合起来使用,称之为"行政管理"。由此可见,"行政管理"一词具有丰富的内涵。

所谓行政管理,就是通过决策、执行、组织、领导、协调、监督、控制诸环节,协调以人为中心的组织资源与职能活动,以高效的方式实现组织目标的社会活动。这一界定,主要包括以下含义。

第一,行政管理的主体是指所有公共的或私人组织中具有管理职能与管理职责的机构、部门及其工作人员。它们既可以是公共管理主体,也可以是私人管理主体。

第二,行政管理的目的是实现组织目标,所有的行政管理行为都是为实现组织目标服务的。

第三,实现行政管理目标的手段是决策、执行、组织、领导、协调、监督、控制,这是一切管理者在管理实践中都要履行的管理职能。

第四,行政管理的本质是协调。要实现管理目标,就必须使资源与职能活动协调,而执行行政管理职能的直接目标与结果就是使资源与活动协调。因此,所有的行政管理行为在本质上都是协调问题。

第五,行政管理的对象是以人为中心的组织资源与职能活动。一方面,强调管理的对象是各种组织资源与各种实现组织功能目标的职能活动;另一方面,强调了人是管理的核心要素,所有的资源与活动都是以人为中心的。而且,行政管理最重要的职能就是对人的管理。

(三)行政管理的显著特征

1.行政管理和作业相区别

行政管理与作业是完全不同的两个概念,行政管理活动的内容也不同于具体的作业工作。产生这样区别的原因包括以下几个方面。①行政管理活动和作业活动并存于一个组织之中,这是由组织的特点与组织目标所决定的。虽然组织活动的成效性从直观上看,是通过作业活动效率的高低体现出来的,但是如果没有有效的行政协调,作业活动的效率和质量就会降低。②行政管理者与作业任务完成者的角色并非完全分离,有时,其角色是相互交叉的。如果不能将两者所扮演的角色很好地区分开来或形成互补,就会弱化行政管理职能,甚至使其陷入烦琐的作业事务之中。③组织中的作业活动一般有其特定的任务或定额,而对行政管理工作的检验和规范比较困难,主要是伴随着作业任务的完成或为保证作业任务完成的非定型化的行为或协调,且通常为行政管理者本身所忽视。一般而言,如果作业工作是显性的,那么行政管理活动是隐性的,而隐性的东西往往发挥着决定性的作用。

2.行政管理和组织联系紧密

组织是社会生活中广泛存在的现象。任何组织要保证其各种要素合理配置,进而实现组织目标,都需要在组织内部实施行政管理。"组织"是行政管理活动的"载体",行政管理是组织运行中必不可少的活动。组织的目标是一切组织管理活动的出发点和最终归宿,也是评价行政管理效能的基本依据。行政管理的目的性最终要通过组织的有效运行才能得以实现。

所谓组织,就是为了达到特定目的、完成特定任务而结合在一起的人的群体,通常指具有法人资格的群体。组织可以因不同的标志而有不同的分类方法,较为普遍的是按组织的社会功能性质来划分:①经济组织,主要是工商企业,即以营利为目的,从事经济活动的组织,这是社会组织的重要组成部分;②文化组织,包括教育和各种文化事业单位等。以整个社会组织为对象进行行政管理的人,主要是组织的上级领导或社会组织的最高层管理者。而更多的行政管理者是以组织内部的要素或活动作为行政管理对象的。

社会组织内部的单位或部门是指在各种社会组织(独立法人)内部设置的各种单位或部门,既包括履行组织基本职能的各业务单位,又包括行使各种管理和服务职能的各种部门。它们不是独立的社会法人,只是社会组织内部具有半自治性的群体或组织。在社会组织内部,除最高管理层以外的大部分行政管理者都是以这类内部组织为管理对象。

3.行政管理活动具备创新性

创新是判断行政管理活动是否有效的基础。行政管理的创新性,是指行政管理本身是一种不断变革、不断创新的社会活动。通过行政管理的变革,能够推动社会和经济的发展,在一定条件下,还可以创造新的生产力,促进人类社会的进步。行政管理的创新性还在于行政管理是一种实践性很强的社会活动,研究行政管理活动中的一般规律不能脱离各类组织的运行现实状况。

而以行政管理为主要研究对象的行政管理学是为行政管理者提供从事行政管理的理论、原则和方法的实用性学科。这些共同的原理、原则和方法,是实践经验的总结和提炼。同时,行政管理的理论只有与行政管理实践相结合,才能真正发挥这门学科的作用。换言之,行政管理科学的研究只有来源于实践、服务于实践,才具有生命力,才能不断发展。

(四)行政管理的系统要义

所谓行政管理系统,是指由相互联系、相互作用的若干要素和若干子系统,按照行政管理的整体功能和职能目标组合而成的有机整体。任何行政管理活动都是一个系统,行政管理者应有系统的观念,从整体的角度来看,用联系的观点来观察、分析和解决行政管理活动中的实际问题。行政管理系统作为一个科学的概念,包括以下含义。

第一,行政管理系统是由若干要素构成的,这些要素可以看作是行政管理系统的子系统,而且这些要素之间相互联系、相互作用。

第二,行政管理系统是一个层次结构。其系统内部,可划分为若干子系统,组成有序的、密不可分的结构;而在系统外部,任何行政管理系统都是更大的社会系统的子系统。

第三,行政管理系统是一个整体,具有整体功能,即行政管理系统存在的价值在于其管理功能的大小。而任何一个子系统,都是为实现行政管理的整体功能和组织目标服务的。

总而言之,行政管理的主要系统一般由行政管理目标、行政管理主体、行政管理对象、行政管理机制与方法、行政管理环境等要素构成。

二、行政管理的组织系统

(一)行政组织结构的特征和类别

行政组织结构是指构成行政组织各要素的排列组合方式。具体而言,就是行政组织各机关、各部门及各层次之间,为进行事务管理而建立起来的一种相互关系模式。行政组织结构是由纵向结构和横向结构交叉而成的。任何组织,无论是自然组织还是社会组织,都有一定的结构形式,结构不同,组织的功能也不同。因为组织的功能不但取决于其构成要素,更取决于其构成要素之间的结构方式。组织要素相同,但结构不同,组织的功能就会存在很大的差别。研究行政组织结构的目的就在于优化组织结构,以更好地发挥组织功能。

1. 行政组织结构的主要特性

行政组织结构与其他社会组织结构相比,具有以下特性。

(1)稳定性。行政组织作为人类社会最为庞大的组织之一,管理着人类社会中所有的公共事务,因而,它对社会公众的生产和生活会产生直接或间接的影响,它既关系着社会公众的生命财产安全,也影响着社会公众的饮食起居等日常事务。行政组织不稳定,将会对人们的生产和生活造成灾难性的影响。所以,行政组织必须具有稳定性。同时,人类在社会实践中也一直在努力地维护行政组织的稳定性。因此,无论是革命还是革新,行政组织的稳定性都是至关重要的。

(2)开放性。行政组织作为一个组织实体,存在于一定的自然环境和社会环境之中,必然要与外界发生各种联系。因此,行政组织要保证良性发展,就必须保持开放,实现与外界的充分联系。

(3)体系性。行政组织结构是一个完整的体系。一般而言,行政组织结构呈金字塔形,从上而下辐射,按不同层级、不同职能进行划分,形成一个纵横交织、具有隶属和制约关系的权责分配体系。

2. 行政组织结构的组成类别

(1)直线制组织结构。直线制组织结构最早在军事组织中产生,其特点是:将组织的各种职位按相互垂直的直线排列,组织指令是按照垂直方向从组织的最高层次向最低层次自上而下地传达和贯彻;各级主管人员对所属的一切事务全面负责;一个下属只服从于一个上级的指挥,其工作只对上级负责。因此,它是一种以行政首长完全行使行政权力作为组织动力和以指挥-服从关系为特征的组织结构模式。这种组织结构的优点是权力集中,命令统一,决策迅速。但是,由于权力高度集中,同一层次上所有的管理职能都由一人承担,因而容易造成行政领导顾此失彼。这种组织内部没有专业化的管理分工,它适合于政务比较单一、内部分工简单、管理层次较低的组织。

(2)职能制组织结构。职能制组织结构主要表现:在各级行政首长领导下,按专业分工设置管理部门;各部门在其业务范围内有权向下级发布命令和下达指示;下级既要服从上级主管人员的指挥,也要听从各职能部门的指挥。这种组织结构的特点是:各级行政领导都设有其直接管理的相应的职能机构,各职能机构在自己的业务范围内有权直接管辖、指挥下级单位。

职能制组织结构的优点:能适应日趋细致的社会分工和日益复杂的生产技术,能充分发挥职能机构和专业管理部门的作用,使各职能部门能够对下级的工作进行有效的指导,并且有利于减轻直线主管人员的负担,使他们集中精力于组织的战略规划等宏观问题。

（3）直线职能制组织结构。直线职能制组织结构是在直线制组织结构和职能制组织结构相结合的基础上形成的。其特点是行政领导的统一指挥和专业职能部门的管理相结合。一方面，它按照组织的任务和管理职能划分部门、设置机构，实行专业分工，加强行业管理；另一方面，这类组织将管理部门和管理人员分为两类：一类是直线指挥机构及其管理人员，另一类是职能机构及其管理人员。直线指挥机构的管理人员在自己的职权范围内有指挥和命令的权力，对自己范围内的工作承担全部责任，而职能机构的管理人员通常为直线指挥机构管理人员的参谋，这些人员对下级机构只有业务指导的义务，而没有决策权和指挥权。

直线职能制组织结构吸收了直线制组织结构和职能制组织结构的优点，克服了两者的缺点，是前两种组织结构优势的综合与发展，在实践中被广泛应用。

总而言之，不论管理者为他们的组织选择了何种结构设计，这一设计都应该能帮助员工以他们所能做到的最好方式最有效率地完成工作。毕竟，结构是实现目标的手段，结构设计要能够帮助而不是阻碍组织成员有效地开展工作。

（二）非正式组织的内容和策略

在传统行政管理研究中，总是把行政组织研究的着眼点放在正式组织上。所谓正式组织，是指具有一定的组织目标，并依照法律（法规）或一定的规章制度和权责体系建立起来的行政组织。但是，任何一个机构里，在正式的法定关系掩盖下都存在着大量更为复杂的社会关系体系——非正式组织。

非正式组织是指在社会组织中因人与人之间的非正式交互行为而形成的社会关系网。它并非遵循法定程序建立起来的系统，而是基于人与社会的关系所建立的交往系统。在这个组织中，自然形成一种行为准则或惯例要求个人服从。非正式组织对于生产效率、工作满意度都具有较大的影响。无论是正式的还是非正式的组织系统，对于一个团体的活动都是不可或缺的。

1.非正式组织类别

(1)按性质分类,非正式组织主要包括以下方面:

第一,感情型。群体的成员在较多的社会交往中,相互了解,相互支持,感情融洽。这一类型以亲密的感情为基础,例如校友、师兄弟等。

第二,兴趣型。群体的成员由于某种兴趣爱好而结合在一起,如打球、下棋、钓鱼、钻研技术等。这一类型以共同的兴趣为基础。

第三,利益型。群体的成员由于某种共同的利益关系而结合在一起,例如,为办事方便而结合,或为了对抗其他群体而结合。

(2)按成员构成分类,非正式组织主要包括以下方面。

第一,纵的非正式组织。纵的非正式组织是指在同一组织内由不同地位的人员所组成的非正式群体,在这种群体中,下级人员对上级可能十分顺从。

第二,横的非正式组织。横的非正式组织是指在同一组织内不同部门地位相当的人员形成的非正式群体。参加这样的非正式群体,可能是为了维护本身的利益,也可能是为了取长补短,做好工作。

第三,混合交错的非正式组织。混合交错的非正式组织由不同部门、不同地位、不同工作环境的人员组成,其成员之间有共同的兴趣爱好。

第四,亲缘型的非正式组织。亲缘型非正式组织是指因社会亲属关系而组成的非正式群体。

(3)按效应分类,非正式组织主要包括两方面。第一,积极型。积极型是指对正式组织工作起到积极作用的非正式群体。第二,消极型。消极型是指对正式组织工作起到消极作用的非正式群体。

2.非正式组织特征

(1)组织形式上的非法定性。正式组织一般是通过法定程序设立的,而非正式组织则是在相互认可的前提下自然、自愿形成的。它无组织结构,无法定领导,内部关系不受正式法令和纪律支配,而是以约定俗成的道德规范、社会惯例和舆论等加以维持和调整。所以,非正式组织表现出了较大的不稳定性。

（2）组织类别上的共生性。任何正式组织中都有非正式组织的存在，两者常常相伴而生。例如，在正式组织成立之前，要经过非正式组织的酝酿，非正式组织对正式组织会产生直接的影响；而正式组织的成立，又常成为非正式组织形成的主要原因。

（3）成员背景的共同性。非正式组织成员在文化背景上较为相近，兴趣爱好比较相投，有共同语言，能够产生思想共鸣，社会地位一般也没有较悬殊的差距，常以彼此间的认同感或友谊作为联系纽带。

（4）表现方式上的隐蔽性。非正式组织是一种幕后组织，它通常隐藏在正式组织的背后。此外，存在于非正式组织中的规则并不具有权威性，只是一种约定俗成的规范。

（5）人员构成上的不确定性。在非正式组织中，共同性质较一致的人构成其核心，其他人构成边缘部分并呈游离状态。当出现强烈的外部刺激时，非正式组织可能会迅速分化，也可能会更加团结。

（6）组织行为上的激烈性。在非正式组织内部总会产生一些公认的行为规范，成员如有违背必定会引起他人的不满，受到他人谴责。当非正式组织在共同意识或利益上受到来自外部的损害时，其成员可能会采用激烈、突发、强硬的方式来维护既得利益。

（7）领导人物的天然性。非正式组织中领导人物的产生与形成由多种因素决定，诸如年龄、资历、技术能力、工作地位、品德修养等，其对组织的影响、号召和制约是其个人的影响力、感召力和人格魅力。

（8）组织效用上的双重性。非正式组织像正式组织一样，也是一把双刃剑。运用得好，它可以转化为促成组织目标实现的积极力量；运用得不好，它就有可能成为影响正式组织权威的消极力量。

3. 非正式组织的正向功能

非正式组织的正向功能包括：①制衡正式组织的首长使用权力；②为成员提供倾诉和发泄情绪的机会，疏通矛盾；③有助于了解正式组织所不易了解的各种信息，有利于领导工作的开展；④弥补正式组织因计划、规范、程序等规定性所产生的不足;⑤促进内部团结,协调人际关系,融洽工作气氛;⑥扩大信息交流,促进意见和情感沟通,加强联系;⑦满足员工的归属感、自尊感、社交需要,使之得到心理上的慰藉。

4.非正式组织管理方法

如何正确对待非正式组织是组织管理中面临的一项重要挑战。为此,需要采取有效的管理方法,以充分发挥非正式组织的积极作用,主要包括以下方面。

(1)要正视非正式组织的存在。正视非正式组织的同时,也不可放任不管,否则可能阻碍组织职能的发挥。

(2)积极引导非正式组织的活动。要善于利用正式渠道以外的沟通方式,加强与非正式组织的联系,对其成员构成、思想倾向、核心人物、产生原因和行为目标做到心中有数,并在此基础上,因势利导,寻求非正式组织与正式组织目标的一致。

(3)控制非正式组织的核心人物。非正式组织的领导人物具有很高的威信和很大的影响力,有效引导他们的行为可以对其他成员的行为起到导向作用。

第二节 高校行政管理的基本原理

行政管理的理论基础是人们在长期的行政管理实践基础上,通过对行政现象、行政过程和行政行为的研究,对行政管理活动基本规律的认识不断升华而形成的基本理论和原则。掌握行政管理的理论基础对于做好高校行政管理工作具有普遍的指导意义。

一、人本原理

(一)人本原理的基本要求

人本原理是以人为本的原理,要求人们在管理活动中坚持一切以人为核心,以人的权利为根本,强调人的主观能动性,力求实现人的全面、自由发展。人本原理的实质在于充分肯定人在管理活动中的主体地位和作用，不是将人看作与其他要素同等排列的要素之一，而是强调人在整个管理系统中的主宰，其他要素如财、物、时间、技术、信息等只有为人所掌握，为人所利用，才能产生价值。人本原理的基本要求如下。

第一，重视人。人是一切事物中最宝贵的、最重要的，有了人一切皆有可能。因此，必须看重人，尊重人，爱护人。

第二，依靠人。价值是靠人创造的，服务是靠人提供的，目标是靠人实现的。想要依靠人，就必须采取有力措施，调动人的积极性、主动性和创造性。

第三，为了人。我们所做的一切都是为了人的生存、成长和发展，这是任何组织的首要目标。因为只有有了人的生存、成长和发展，才能带来组织的生存、成长和发展。从行政管理角度来看，人本原理就是以人为中心。

(二)人本原理的应用原则

第一，能级对应原则。"能"指人的能力，"级"指职位的等级。能级对应要求必须任人唯贤。能级对应原则就是指在人力资源管理中，要讲求能与级的对应，根据人的能力来安排职位以及工作，使人尽其才、才尽其用。

第二，动力激励原则。动力激发人产生行为。科学地设置各种动力和激励措施，才能把成员的单个力量汇集成组织力量，从而实现组织目标。一般而言，动力包括物质动力、精神动力和信息动力。激励措施即激励制度，是关于动力类型的选配、激励时机的确定、激励量的确定等有关事项的规定。

第三，人才开发原则。人才开发是指将人的智慧、知识、才干作为一种资源加以发掘、培养，以便促进人才本身素质的提高和更加合理地使用。高校人才开发包括：挖掘高校人才，培育高校人才。人才开发原则把人才开发或者人才培育放在首位，即从现有人才资源中发现有能力的人，进行培养、训练，从而提高学生的学业水平。

开发人才有两个支点：①提升其智力；②激发其活力。

开发人才的方式大概有三大类：①培养性开发；②使用性开发；③政策性开发。

二、系统原理

(一)系统原理的基本要求

系统是指由若干要素按一定结构相互联系组成的具有特定功能的统一体。它处于更大的系统中，与相关系统有输入输出关系。系统具有目的性、整体性和层次性三个特征。系统原理是指行政管理对象和行政管理活动等都是一个系统，应该且必须运用系统理论的观点和方法进行系统分析，从系统的角度开展和评价高校行政管理工作。系统原理的要求如下。

第一，必须保持系统目的的一致性。每个系统都必须有明确的目的；系统内部可分为若干个子系统，子系统的建立和目标设置必须与系统保持一致。

第二，必须保持系统的关联性。系统是一个由若干个子系统或要素构成的整体，这些子系统或要素之间必须建立合理的结构，使之紧密联结，统一行动。

第三，必须保持系统各层功能的完整性。系统有一定层次结构，各层系统都有各自的功能，要明确各层的任务、职责、权限等，以保证其功能的充分发挥。

第四，必须保持系统与环境的适应性。系统都是开放的，都处在一定的环境之中，同时对环境产生影响。只有与环境协调一致，系统才能生存和发展。

(二)系统原理的应用原则

第一，整分合原则。整分合原则就是从系统的角度出发，做到整体把握、科学分解、组织综合。在行政管理工作中，将任何管理对象、问题都视作一个复杂的社会组织系统。从整体上把握系统所处的环境，分析系统的整体性质与功能,确定总体目标;围绕总目标,进行多方面合理的分解与分工,以构成系统的结构与体系;在分工完成后,对各要素、环节、部分及其活动进行系统综合,协调高效地管理,形成合理的系统流通结构,进而实现总目标。

第二,相对封闭原则。在高校行政管理活动中,必须在坚持对外开放的前提下,对内采取封闭性的管理,使内部各个环节、部分有序衔接、首尾相连,形成环路,从而构成一个完整无缺、有去有回、有进有出的过程环流,让各部分连为一体,相互联系,相互促进,以完成整体目标。这就是现代高校管理的相对封闭原则,其包括机构设置的相对封闭、高校管理活动过程的相对封闭、管理制度的相对封闭、信息系统的相对封闭等方面。

三、动态原理

(一)动态原理的基本要求

物质是运动的,运动是绝对的。动态原理是指高校行政管理的对象、目标、环境等都是发展变化的,不能以一成不变的眼光看待它们,要根据行政管理内部和外部情况的变化,及时调整高校行政管理的理念、手段和方法,因地因时制宜。动态原理的要求如下。

第一,坚持权变管理。权变管理则是指管理者根据组织的内部条件和外部环境来确定其管理思想和管理方法,以实现有效管理,就是因事制宜、因人制宜、因势制宜,根据条件变化随机应变。

第二,注重信息管理。即充分发挥信息作用,建立健全完善的信息系统,及时、全面地收集信息,精确、科学地加工信息,迅速、完整地传递信息,安全、有效地储存信息。

第三,实行创新管理。动态意味着发展,创新是发展之根本。高校创新管理就是构建创新体系和创新文化,创新体系主要包括观念创新、技术创新和管理创新等;创新文化是指保证创新有效进行的制度及实施保障。

(二)动态原理的应用原则

第一,弹性原则。从管理系统的角度来看,弹性原则是指管理在客观环境作用下为达到管理目标所具有的应变能力。遵循弹性原则就是在制订计划与对策时必须留有充分的余地,以适应或应对在执行过程中出现的变化。

第二,反馈原则。反馈是控制论的一个概念,指系统中被控制对象对控制机构的反作用,并且这种反作用影响到这个系统的实施过程或结果。把握事物的动态关键就在于有灵敏、准确、迅速的反馈。成功高效的高校行政管理就是在不断地决策、执行、反馈,再决策、再执行、再反馈,在如此无穷尽的螺旋式上升中不断改进、完善,不断提高水平。

四、法治原理

(一)法治原理的基本要求

法治是国家治理体系和治理能力的重要依托,必须坚持在法治轨道上推进国家治理体系和治理能力现代化。法治原理又称依法行政原理,是指行政机关必须依法设立和取得行政权力,依法行使其行政权力,开展行政行为,并对其行政行为的后果承担相应的法律责任。依法行政是法治国家、法治政府的必然选择,是保护广大人民群众根本权益的必然选择,是提升政府形象、提高行政效率、取信于民的必然选择。

第一,法治原理的基本内容包括:一切行政权力源于法律,行政机关不得自己创设任何权力;一切行政行为必须具有法律依据,否则无效;一切行政行为必须接受法律的监督,违法须承担相应的法律责任。

第二,法治原理的要求。法治原理的要求包括六个方面。一是诚实守信。诚实即忠诚老实,不作假,不欺人;守信就是讲信用,讲信誉,信守承诺。二是高效便民。行政机关要依法高效率、高效益地行使职权,更大程度地方便人民群众。三是权责统一。行政机关的职权本质上是其义务和责任,必须积极依法履行,不得放弃。四是合法行政。即行政行为必须有法律依据,必须符合法律的规定,无明文规定不得实施。五是合理行政。行政权力的行使必须客观、适度、公平、公正,符合理性和法律的基本精神。六是程序正当。指程序的中立性、理性、排他性、可操作性、平等参与性、自治性、及时终结性和公开性。

(二)法治原理的应用原则

1. 法律优先原则

法律优先原则是指行政机关的一切行政行为,无论是抽象行政行为还是具体行政行为,无论是行政行为的内容还是行政行为的程序,都要与现有的法律规范相一致,不得与之相抵触或违背。

法律优先原则强调的是:只要在这个事项方面存在有效的法律规定,那么行政机关的行政行为必须遵循该法律规定,严格禁止不遵循或偏离法律规范的规定。法律优先原则的前提条件是"有明文的法律规定",因而又被称为"消极的依法行政原则"。

2. 法律保留原则

法律保留原则是指在法律缺位情况下,行政机关的行政行为必须获得法律的授权才能实施。法律保留原则强调的是:有了法律的授权方可实施行政行为,包括行政立法行为,因此又被称为"积极的依法行政原则"。需要注意的是,这里的法律是指狭义的法律,而非泛指的法律规范。

3. 比例原则

比例原则是指行政目标和实现该目标所采取的手段之间应具有客观的对称性,要兼顾行政目标的实现和保护相对人的权益。如果行政目标的实现可能对相对人的权益造成不利影响,那么这种不利影响应被限制在尽可能小的范围和限度之内。

比例原则的具体内容包括:①妥当性,指所采取的手段能够实现行政目标;②必要性,指没有其他给相对人造成损害更小的手段;③相称性,所采取手段的程度与行政目标的结果相称。

4. 信赖保护原则

信赖保护原则体现了现代法治的本质精神,是社会发展到一定阶段的产物,其具有鲜明的民主特质和时代特征。公民个人或社会组织的行为是基于对政府行为的信赖而做出的,那么这种对行政权力的正当合理信赖应当予以保护。行政机关应恪守信用,不得擅自改变已生效的行政行为,确需改变行政行为的,对于由此给相对人造成的损失应当给予补偿。

信赖保护主要包括:①行政相对人基于对行政机关行政行为的信赖而做出的行为应当受到保护;②行政相对人因行政机关的行政行为而获得的利益应当受到保护;③由于行政机关对相对人受益行为而给第三人带来的利益也应当受到保护。

第三节　高校行政管理的设计原则

在高校发展的过程中,行政管理工作始终发挥着巨大的作用,无论是为高校领导建言献策,还是帮助学生解决困难,都能够及时予以处理。因此,做好高校行政管理的设计需要遵循一定的原则。

一、目标一致原则

高校行政管理应当首先考虑实现任务与特定目标,所以,设置行政管理系统时,应该以实现管理目标为前提。现代行政管理是一个非常复杂的系统,系统内部所有成员都应该为实现整体目标而努力。具体来说,在进行高效的行政管理时,要确保有关目标能够统一地展现高校的行政管理目标,同时将高校的行政管理目标转变为行政组织的管理目标,并以此为基础,把行政组织总的管理目标划分成所有行政组织机构的小目标,如科研、人事和教学的目标等,还要贯彻目标一致原则,对所有层次行政组织机构的管理目标体系进行优化,使所有层次行政组织机构的目标保持一致。

二、权责对应原则

权责对应原则是建立机构、充分发挥高校部门的职能作用并实现彼此协调的本质问题。在设置行政组织机构时,应确保权责一致,使权力和责任协调统一,进而展开高效的工作。明确所有行政组织机构的职责范围与权力界限,是有效统一责任与权力的方法,这样既能保证充分履行对应职责时的权力边界,又能保证履行职责时的权力边界。因此,要增强考核和监督力度,让所有职能部门在工作时都能依据权责要求,提高工作效率。

三、分工协作原则

组织机构是人们为了完成共同的任务而使机构里的全体高校成员共同合作的方式,这种方式不仅要规定所有组织之间、所有成员之间的职务分工,还要明确每个机构和每个人承担的责任。高校组织承担的任务与活动中,很多内容具有很强的综合性,凭借一个人或者一个组织机构很难完成,如果经常有边界不清晰的任务与活动,且又没有组织机构来完成,那么就需要成立新的组织机构来完成这些任务。高校行政组织系统中,所有的组织机构之间如决策、执行、咨询和反馈系统等务必要做到协调统一和分工明确相融合。

四、精简高效原则

行政组织机构的设置是为了有效地管理高校,组织机构的设置应做到高效和精简。如今科技为组织机构管理带来非常多的现代化方法,从而使得组织机构能够更好地融入飞快发展的信息社会。因此,一方面,高校在设置行政组织机构的时候,为了提高管理效率,应保证高质量、低数量;另一方面,高校还要充分考虑现实情况来设置行政组织机构,也就是说,行政组织机构拥有的职能可以组成学校的管理活动,人们务必要建立新的部门来协调与运行行政组织机构的职能,其他机构不能代替;行政组织机构的设置数量,应充分考虑学校的教学过程、专业性质、规模和类型等,还要以机构工作任务的大小与类型为依据,设置一些不可缺少的职能机构。

五、管理优化原则

管理的幅度和层次在设置组织结构中是两个相互制约、相互联系的关键因素。组织结构的横向表现是管理的幅度,纵向表现是管理的层次。一般来说,管理幅度与层次之间的关系呈负相关,即管理幅度变大,管理层次就会减少;管理幅度变小,管理层次则会增加。相对地,管理层次增加,管理幅度会缩小;管理层次减少,管理幅度会变大。高校的行政组织机构采用何种管理幅度和层次,取决于高校的规模类型、人员素质、办学地点和机构任务等因素。因此,高校在设置行政组织机构时,需以实际情况为依据。高校的行政组织机构具备双重属性,即高校的行政组织机构和内部组织机构。所以,高校设置行政组织机构既要遵循一般行政组织的设置原则,又要符合高校机构设置发展的逻辑。

第一,设置大学的行政组织机构,应体现高校组织的价值认同。学术价值是高校的核心价值,所以,高校管理的内部逻辑要求是弘扬学术理想,捍卫学术精神,这也是设置高校内部组织的价值原则。

第二,高校的行政组织机构应当是大学组织的功能确认。现代高校有三大功能,即社会服务、人才培养和科学研究,还有由此产生的其他功能。高校组织所有学术活动的共同构成要素是知识。推动知识发展,传播高深的学问是高校的本质。高校的这部分功能集中展现了以知识为目的的高校组织功能,体现了高校的学术性。实现与保障高校组织功能的载体是高校内部设置的组织机构。其中,基层学术组织是实现高校功能的核心机构,是必不可少的组织机构。行政组织机构应该将宗旨确立为实现高校的组织功能,发挥好对高校组织功能的辅助和保障作用。

第三,设置大学的行政组织机构,应该把内部和外部环境因素之间的关系都协调好。高校是一个社会组织系统,组织机构设置和运行时,不仅会受到自身的组织功能和组织属性等内部因素的影响,还会受到外界因素的干扰。在设置行政组织时,宏观角度的市场需要、高等教育管理的政策以及社会和经济的发展水平等,都会起到导向作用。高校在设置行政组织时,应协调好内部和外部的各种影响因素,行政组织能够高效运行。

第四节　高校行政管理的结构模式

一、高校行政管理的决策结构模式

(一)渐进决策模式

政策的制定既是一个科学的过程,又是一个渐进发展的过程,是谨慎地逐步试错的过程。行政决策者在进行决策时,应尊重历史,认真分析现行的政策方案,总结经验教训,而后再做出决策。在一个行政生态相对稳定的社会中,该模式的效率相当高。

(二)理性决策模式

理性决策模式的特点是在目标上追求最优化。然而在现实中,决策者不可避免地会受到知识、能力、资源、时间及其他环境因素的限制,因此难以具备完全的理性及认识能力,不可能做出最佳选择。理性决策模式是一种过于理想化的决策模式。理性决策模式可以分为无限理性决策模式与有限理性决策模式。

1.无限理性决策模式

无限理性决策模式中,假定人是具有全能和全知理性的人,也就是说,决策者能够凭借自己的理性认识能力,清晰地认识全社会的价值重心,找出实现目标的全部方案和后果,对所有决策方案的成本和收益比重、优点和缺点以及价值都有明确认知,并可以将方案按照优劣排序,最后选出最优秀的方案。

2.有限理性决策模式

实际生活中的一切决策都以人类的有限理性为基础。原因有以下几点。

第一,人的知识是不完善的,始终会受到客观因素以及自身的理解能力、主观认知的制约。决策者在理解政策问题和政策环境时,不可能拥有完备的知识作为支撑。

第二，难以预测。决策是对未来的决策，选择方案的前提是对未来进行预测。由于公共问题非常复杂且决策环境不断变化，所以一切预测都不可能绝对正确。

第三，有限的选择范围。决策主体以纯粹理性的需求为依据，在所有可能实现的方案中进行选择与对比，但事实上，在所有可能的方案中，人们只能想到其中极少的几个方案。

第四，有效的时效性。虽然所有可能的方案都可能被发现，所有方案的所有后果都可能被预测到，但是这需要时间，行政决策者无法一直等待。由于决策也有时机要求，一旦错过良好时机，决策再好也无济于事。

决策者的理性是有限的，行政决策者只能尽力找到备选方案中最满意的决策。

二、高校行政管理的主要结构模式

高校行政管理的结构模式设置可划分为直线制、职能制、直线-职能制、分权制与矩阵结构，这些结构各有特点。不同高校的行政管理结构形式不尽相同。高校行政管理的结构模式决定了组织中的管理层级和管理幅度，规定了行政管理的结构框架，包含了确保跨部门沟通、协作与力量整合的制度设计，也体现了高校管理中的权力配置与组织结构之间的张力。

第一，直线制：指的是组织机构的权力高度集中，整个机构呈垂直领导、从上到下的模式，中间不设置职能机构进行分权。在这种模式下，校长直接管理和领导全部事项，可能有个别成员辅助参与管理。这种模式的优点是权限和责任高度统一、信息获取顺畅、指令明确、结构简单。

第二，职能制：指的是通过梳理组织机构中的职能，设置出所有与之匹配的职能部门与机构。部门与机构会替代校长实施管理的职能，并依据级别展开组织的模式。高校规模较大时，管理比较复杂，所有的管理都应该具备专门的管理知识，而校长一人并不能具备全部管理的专业知识，因此应该利用分权把所有的部门与职能机构设立出来，所有的部门与职能机构以校长的委托为依据，获得校长的权力，并完成校长应履行的职能。通常来看，所有的职能部门都有明确的层级，下级务必执行上级下达的命令与指示。由于此种模式的职能部门具有指挥的权力，所以又把职能部门叫作职能制组织机构。这种模式的优点是能让校长脱离繁忙、复杂的普通事务的指挥工作，专注于学校发展期间的重要事务。

第三，直线-职能制：指的是以直线制为基础，增加没有指挥权的职能管理人员与职能机构的模式。这种模式根据组织目标与管理需求，将组织机构中所有层次的行政人员与管理机构分成两种类型，即无指挥权和有指挥权。无指挥权的职能管理人员与职能机构以直线制模式为依据，仅充当助手与参谋机构，能够对下级给予指导和建议，但不能指挥和决策；有指挥权的职能管理人员与职能机构以职能制模式为依据，能直接指挥下级，履行自己部门的职责。这类模式的优点是不仅能够为校长掌握权力、指挥事务提供保障，还能让校长借助职能机构的力量，采用分权的方式专业地管理某些业务与领域。有些大学采用这种模式，能提高自身的管理效率，比如专业性很强的管理分工及大规模、业务多的情况下。

第四，分权制：指的是在组织结构中分别设立了几个有单独责任与权力的分组织机构的模式。高校中，这类模式的表现是学校下设置学院，学院下设置系别，每个学院里都有明确的、相对独立的部门职责、领导权和决策权。如今，高校通常会将部分权力下放到学院。这种模式适用于学院事务繁杂、多学科、规模大的大学。该模式的优点很多：首先，能合理分解校长的部分权力，使得管理中心下移，让校长脱离了日常事务的影响，能将精力放到学校重大的方向性事务中；其次，减小校长的管理幅度，简化了校长直接指挥的机构与部门，提高办事效率；再次，通过使用被委托的权力，学院获得相对的管理自主权，提高工作的创造性与积极性，提升学院的管理水平，促进学院的发展与建设；最后，促进各个学科相互交叉发展，有助于边缘学科的发展。

第五，矩阵结构：指的是在组织机构中，利用横向机构之间的联系，直接组合纵向下属机构的相关活动，形成与数学中的"矩阵"相近的模式。

在高校中,这种模式的表现是以校长为直接领导,设置各个系别,同时可以设立几个由校长直接领导的中心。中心能以特定的任务为依据,把有关人员吸收进来,中心的负责人和原部门的负责人均可领导中心,从而形成新型领导关系。其优点打破了工作期间人的位置仅与单一固定岗位挂钩的束缚,能灵活地依据任务需求安排人员,而无须对人员进行大规模调动,使学校完成横向和纵向管理,与高校的很多现状相符合,如综合性的工作繁重,业务头绪繁多,专业性强等。

第三章 高校行政管理的历史与现状

近年来,我国高等教育事业取得了长足进步。各高校在办学模式、办学条件、人才引进、资金投入等方面都有了显著发展,但在行政管理工作方面仍有待改进,所以,提高行政管理效率已被大多数高校列为重要且紧迫的课题。

第一节　高校行政管理的历史进程

在高度集中的体制背景下,我国的经济体制与各高校的管理体制基本一致,而政府与各高校之间也一直是一种高度集中的管理关系。

这种关系主要表现为直接和集中的管理方式,以封闭式管理模式为主以及把行政管理作为最主要的手段。直接和集中的管理方式主要表现在以中央集中管理为主。学校的建立、专业设置、招生、教师分配、经费以及毕业生的分配都由政府确定。各高校所在地方政府,则是根据中央下发的规定来执行。各个高校建立的目的主要是为社会培养人才,进行科学研究和为社会服务。各个高校的物力、人力和财力直接作用于整个社会,这些都离不开学校的管理。所以,各个高校的管理过程都有一个基本特征,即开放性与封闭性相统一。

地方政府的管理手段主要表现在立法、规划、服务、拨款等方面,主要表现在以下三方面。第一,高校的办学自主权扩大了。相关文件明确提出国家赋予各高校六项自主权,其中包括在不违背国家的政策和法令的前提下,各高校拥有在计划外招收一些自费的学生的权力。各高校有权力制订自己的教学计划,还有权力与社会的单位合作,进行科学的研究和技术的开发。有自己的权力,任免除校长之外的其他行政人员。有权力自主分配国家下拨的经费。有权力自筹经费进行科学研究或与国内外高校进行学术交流。由于国家扩大了各高校的办学自主权,各高校发挥了重要的作用,扩大规模、增设专业,为社会输送了大量的人才,与社会的联系更加紧密。第二,政府的职能发生了转变。政府将之前对各高校的管理时间和精力,更多地放在加强宏观管理上,达到双赢。第三,中央政府增加地方政府管理高校的权力,这使得省级政府管理各高校的积极性提高,也使得它们的责任感加强,对高校的精力投入加大。这有利于地方经济、高等教育和社会发展三者之间的关系更加紧密。

第二节　高校行政管理效率的影响因素

一、组织架构因素

(一)层级设置合理性

高校行政组织的层级数量对效率有着至关重要的影响。合理的层级设置应在保证管理有效性的同时,尽量减少信息传递的损耗和延迟。例如,层级过多,从基层问题反馈到决策层再到指令下达的过程就会变得冗长。像一些大型综合性高校,若学院与校级管理部门之间存在过多中间层级,如额外的分管委员会或过多的副处长层级分管不同细项,可能导致一项简单的教学资源调配需求在层层上报和审批中浪费大量时间。

(二)部门分工与协同性

高校行政管理涉及众多部门,包括教务处、学生处、科研处、后勤处等,每个部门都有其特定的职能。部门分工明确是提高效率的基础,教务处应专注于教学计划安排、课程设置和教学质量监督,学生处致力于学生管理、心理健康和奖助贷工作,科研处负责科研项目管理和成果转化等,各部门各司其职可以避免职责不清导致的推诿现象。

然而,更关键的是部门之间的协同。在现代高校管理中,很多行政事务需要跨部门合作。比如举办一场大型学术会议,可能涉及科研处的学术资源对接、后勤处的场地布置和餐饮安排、教务处的教学调整以方便师生参与、学生处的志愿者组织等。若部门之间缺乏有效的协同机制,如信息共享平台不畅,沟通协调会议不足或缺乏共同的目标导向,就会出现工作衔接不畅、重复劳动等问题,严重影响行政管理效率。

二、人员素质因素

(一)专业素养与能力

高校行政管理人员的专业素养直接关系到管理效率。首先,具备教育管理相关专业知识的人员能够更好地理解高校运行规律。例如,熟悉高等教育学原理、教育心理学和教育政策法规的管理人员在制订学生培养方案、处理学生学业问题时能够更科学合理地决策。

在财务管理方面,专业的财务人员能准确高效地处理高校复杂的预算编制、经费核算和财务审计工作。他们熟悉财务软件和相关政策,能够避免因财务操作不规范或对政策理解偏差导致的资金使用效率低下问题。此外,在信息化管理领域,掌握现代信息技术和信息系统管理知识的人员可以更好地维护和优化高校的数字化管理平台,如学生信息管理系统、教学资源共享平台等,保障信息的快速准确处理和传递。

(二)服务意识与态度

高校行政管理人员的服务意识是影响效率的重要因素。当管理人员将自己定位为服务师生的角色时,会积极主动地处理问题。例如,具有强烈服务意识的教务处工作人员在面对学生的课程退选、成绩查询等问题时,会耐心细致地解答,迅速为学生解决问题。

积极的服务态度还体现在对师生需求的关注和反馈上。行政管理人员若能主动收集师生在教学、科研和生活中的意见,并及时反馈给相关部门进行改进,能有效提高整个行政系统的运行效率。

三、信息技术应用因素

(一)信息系统集成度

高校行政管理中信息系统的集成程度对效率影响显著。当前,高校使用多种信息系统,如办公自动化系统、教学管理系统、科研管理系统、人力资源管理系统等。

例如，教师在申报科研项目时，可能需要在科研管理系统中录入个人基本信息，而在财务报销科研经费时，又要在财务系统中重新录入相同的信息。高集成度的信息系统可以实现数据的一次录入、多处使用，通过统一的数据接口和共享数据库，不同系统之间能够实时交互信息。这不仅减少了行政人员和教师的工作量，还能保证数据的准确性和及时性，提高行政管理的整体效率。

(二)数据分析与决策支持能力

信息技术在高校行政管理中的应用不仅在于数据存储和处理，更在于对数据的分析和为决策提供支持。通过对大量行政数据的分析，如学生的学习成绩数据、教师的教学评价数据、财务收支数据等，可以发现潜在的问题和规律。例如，通过分析学生成绩数据，可以发现某些课程的教学效果不佳，进而分析是教师教学方法问题、课程设置不合理还是学生学习态度问题，为教务处调整教学策略提供依据。利用数据分析工具，高校行政管理者可以进行预测性分析，如预测下一年度的招生规模、经费需求等，提前做好规划和准备，使行政管理决策更加科学、高效。

四、制度与文化因素

(一)行政管理制度完善性

完善的行政管理制度是高校行政管理高效运行的保障。从人员招聘与考核制度来看，科学合理的招聘制度能够吸引优秀的行政人才，考核制度则能激励行政人员积极工作。例如，建立以工作绩效、师生满意度、创新能力等多维度为考核指标的体系，可以促使行政人员不断提高自身工作质量。

在财务管理制度方面，明确的预算编制、审批、执行和监督制度可以确保高校经费的合理使用。例如，严格的项目经费审批流程可以防止经费滥用，同时合理的预算调整机制可以应对实际工作中的变化。此外，在文件收发、会议组织、物资采购等日常行政管理制度的完善也都对整体效率有着重要影响。

(二)行政文化的影响

高校行政文化包括价值观、行为规范、工作氛围等方面。积极向上的行政文化能够激发行政人员的工作热情和创造力。例如,倡导团队合作、创新精神和以师生为本的价值观,可以营造良好的工作氛围。在这样的文化环境中,行政人员更愿意主动沟通、积极协作,共同解决问题。

五、资源配置因素

(一)人力资源配置合理性

高校行政管理的人力资源配置包括人员数量和人员结构。在人员数量方面,要根据高校的规模和行政事务的工作量来合理确定。例如,学生人数众多的高校需要配备足够数量的学生管理人员,以处理学生日常事务、组织学生活动和维护校园秩序。

在人员结构上,要考虑不同专业背景和技能人员的搭配。如在国际交流处,既需要具备外语能力和国际教育知识的人员来处理国际学生事务和国际合作项目,也需要熟悉行政流程和国内政策法规的人员来协调国内相关部门。合理的人力资源配置能够确保每个行政岗位都有合适的人员,避免人员冗余或不足,从而提高行政管理效率。

(二)物力资源与财力资源保障

物力资源是高校行政管理的物质基础,包括办公场所、设备设施等。充足且布局合理的办公场所可以为行政人员提供良好的工作环境,便于沟通和协作。例如,将相关联的行政部门集中办公,可以减少沟通成本。先进的办公设备,如高速网络、智能办公设备等,可以提高工作效率。

财力资源则是保障行政工作顺利开展的关键。足够的经费支持可以用于人员培训、信息系统升级、办公设备购置等。例如,为行政人员提供定期的专业培训机会,有助于提升他们的业务能力;升级信息系统可以提高数据处理和管理效率。合理的资源配置需要综合考虑高校的发展战略和实际行政需求,以实现资源的最优利用,提高行政管理效率。

六、外部环境因素

(一)政策法规环境

国家和地方的教育政策法规对高校行政管理效率有着深远影响。政府出台的高等教育发展规划、招生政策、经费管理规定等直接决定了高校行政管理的方向和重点。例如,新的招生政策可能要求高校在招生录取过程中增加特殊类型招生的审核环节,如果高校行政部门不能及时理解和适应这些政策变化,就可能导致招生工作的混乱和延误。

同时,教育评价政策也会影响高校的行政管理。如以学科评估为导向的政策下,高校可能需要调整科研管理、师资队伍建设等方面的行政管理策略,以更好地满足评估要求。而与高校自主办学相关的法规则决定了高校行政管理的权限范围,如果政策法规对高校自主管理的限制过多或不明确,可能会使高校在行政决策过程中犹豫不决,降低行政效率。

(二)社会期望与舆论压力

社会对高校的期望不断变化,这对高校行政管理效率产生了新的要求。如今,社会不仅关注高校的教学质量和科研成果,还对高校的社会责任履行、文化传承创新等方面有更高期望。例如,社会要求高校在促进地方经济发展、解决就业问题、开展社会公益活动等方面发挥积极作用,高校行政部门需要调整工作重心和资源分配来满足这些期望。

舆论压力也是一个重要因素。在信息时代,高校的任何行政决策或管理问题都可能通过网络迅速传播并引发公众关注。一旦出现负面舆论,如校园管理问题、学术不端事件等,高校行政部门需要迅速做出反应,采取有效措施应对。这种来自社会期望和舆论压力的外部环境因素促使高校行政部门提高应对变化和处理问题的速度,以维护高校的声誉和稳定发展,从而间接影响行政管理效率。

七、战略规划因素

(一)发展战略清晰度

高校的发展战略是行政管理的指导蓝图,其清晰度对行政管理效率有着关键影响。当高校有明确的发展战略,如确定了建设世界一流大学、特色应用型大学等不同发展目标时,行政管理部门能够根据这一战略目标制订相应的工作计划,调整资源分配方案。例如,以建设研究型大学为目标的高校,行政部门会在人才引进方面更注重高层次科研人才的引进和培养,在资源配置上向科研平台建设、研究生教育等方面倾斜;在制定考核制度时,也会突出对科研成果和科研服务的评价。清晰的发展战略可以使行政部门避免盲目工作和资源浪费,提高决策的针对性和行政管理效率。

(二)战略调整灵活性

在快速变化的时代环境下,高校发展战略需要适时调整,而行政部门对这种战略调整的灵活性至关重要。如果高校在面对新的教育趋势、科技革命或社会需求变化时,能够迅速调整发展战略,行政管理部门也应随之快速改变工作模式和资源分配方式。

比如,当在线教育成为一种重要的教育形式时,高校决定加大在线课程建设力度,行政部门就要迅速调整教学管理流程,包括课程审批、教师培训、技术支持等环节,以适应新的教学模式。这种战略调整的灵活性要求行政人员具备敏锐的洞察力和快速的执行力,确保行政管理工作始终与高校发展战略相契合,提高整体效率。

八、学科建设因素

(一)学科布局合理性

高校的学科布局直接影响行政管理效率。合理的学科布局应考虑学科的互补性、关联性和发展潜力。例如,综合性高校通过文理工学科的合理搭配,可以促进学科交叉融合,为跨学科研究和教学创造条件。在行政管理方面,这需要协调不同学科的资源分配、人员管理和教学科研安排。

(二)学科发展动态性

学科发展是一个动态过程,新的研究成果、学科前沿问题和新兴学科不断涌现。高校行政部门需要关注学科发展的动态变化,及时调整管理策略。例如,随着人工智能学科的快速发展,行政部门要在人才引进方面积极引进相关领域专家,在课程设置上增加人工智能相关课程,在科研管理中鼓励开展人工智能与其他学科交叉的研究项目。

对学科发展动态的及时响应可以促进高校学科建设水平的提升,同时也提高了行政管理的效率。如果行政部门不能跟上学科发展的步伐,就可能导致学科建设滞后,影响高校的整体竞争力和发展速度。

九、合作与竞争因素

(一)校际合作深度与广度

校际合作对高校行政管理效率有着独特的影响。在深度合作方面,高校之间开展联合培养学生、共建科研平台、共享师资等项目。例如,通过联合培养学生,高校行政部门需要协调双方的教学计划、课程互认、学生管理等事宜,这需要建立高效的沟通协调机制。如果合作机制完善,双方可以在资源共享中提高人才培养质量和科研水平,同时也提升了行政管理效率。

在广度上,参与国际或国内高校联盟等广泛的校际合作可以拓展高校的发展空间。行政部门在参与这些合作过程中,可以学习其他高校先进的行政管理经验,引进新的管理理念和方法。同时,通过与其他高校的合作竞争,促使自身不断优化行政管理流程,提高效率。

(二)竞争环境压力与应对策略

高校面临着日益激烈的竞争环境,包括生源竞争、科研资源竞争、社会声誉竞争等。这种竞争压力促使高校行政部门提高效率以提升竞争力。例如,在生源竞争方面,行政部门需要优化招生宣传策略,提高招生服务质量,确保吸引到优质生源。

在科研资源竞争中,行政部门要加强对科研项目的组织管理,提高科研成果转化效率,争取更多的科研经费和项目支持。为应对竞争,高校行政部门需要不断创新管理方式,分析竞争对手的优势和劣势,制定针对性的竞争策略,从而在竞争环境中提升行政管理效率和高校的整体实力。

高校行政管理效率的影响因素是多方面的,这些因素相互交织,相互作用。高校需要全面考虑这些因素,不断优化行政管理的各个环节,以适应不断变化的内外部环境,实现高效、科学的行政管理,推动高校的高质量发展。同时,随着时代的发展,新的影响因素可能会不断出现,高校行政管理也需要持续探索和创新。

第四章　高校行政管理的内涵

高校行政管理工作的有效开展是高校管理工作的核心内容之一。高校行政管理能力影响各项事务的运行成效，只有针对性地制定并完善行政管理体制和管理策略，才能协调高校各项工作的有效开展，推动高校行政管理健康发展。

第一节　高校行政管理的对象

一、人员对象

(一)学生群体

高校行政管理的核心人员对象之一是学生。从招生环节开始，行政部门就要对学生进行管理，包括处理招生咨询、审核报名材料、组织入学考试等一系列复杂工作，以确保选拔出符合高校要求的学生。入学后，学生的学籍管理是重要内容，涉及学籍注册、课程选修、成绩记录、奖惩评定等。例如，在学籍注册过程中，行政人员需要核对学生的个人信息、录取通知书等资料，保证信息的准确性和完整性。

同时，学生的日常行为管理也是行政管理的范畴，这包括学生的宿舍管理，如宿舍分配、卫生检查、安全监管等，以营造良好的居住环境。在校园活动方面，行政部门要对学生组织的社团活动、学术讲座、文体比赛等进行审批和指导，确保活动符合学校规定和安全要求。此外，还要关注学生的心理健康和思想动态，通过心理咨询服务、思想政治教育课程等途径为学生的全面发展提供支持。

(二)教师队伍

教师既是高校教学和科研的主体,也是行政管理的重要对象。在教师招聘环节,行政部门要制订招聘计划,发布招聘信息,组织招聘考试和面试,选拔优秀的教师人才。招聘完成后,教师的入职手续办理、岗位分配、职称评定等工作都需要行政人员的参与。例如,职称评定过程中,行政部门要组织专家评审委员会,收集和审核教师的教学成果、科研论文、项目参与情况等资料,确保评定过程的公平公正。

教师的教学工作管理也是行政管理的关键部分。行政人员需要协助制定教学大纲、安排课程表、组织教学检查和评估,以保证教学质量。在科研方面,要为教师提供科研项目申报的指导和服务,包括项目信息发布、申报材料审核、科研经费管理等,激发教师的科研积极性,促进高校科研水平的提高。

(三)行政人员自身

高校行政人员自身也是行政管理的对象。行政部门内部需要建立完善的人员管理机制,包括人员招聘、培训、考核、晋升等环节。在招聘过程中,要根据不同行政岗位的需求,选拔具有相应专业知识和技能的人员。例如,对于财务岗位,需要招聘具备财务专业背景和会计从业资格的人员。

培训是提高行政人员素质的重要手段。行政部门可以定期组织内部培训课程,内容涵盖教育管理理论、信息技术应用、沟通技巧等方面,以适应不断变化的行政管理需求。考核和晋升机制则是激励行政人员积极工作的动力。通过建立科学合理的考核指标,如工作绩效、师生满意度、创新能力等,对行政人员进行定期考核,并根据考核结果给予晋升机会,促进行政人员不断提高自身工作质量。

二、事务对象

(一)教学事务

教学事务是高校行政管理的核心事务对象之一。这包括课程体系的构建,行政部门需要协同各学科专业教师,根据人才培养目标和社会需求,设计合理的课程体系,涵盖基础课程、专业课程、实践课程等不同类型。课程安排也是一项重要的内容,要考虑教师的时间安排、教室资源的合理利用、课程之间的先后顺序等因素,以确保教学秩序的正常运行。

教学资源管理同样不可忽视。这涉及教材的选用和采购,行政部门要与各学科教师沟通,选择适合教学大纲和学生水平的教材,并保证教材的及时供应。此外,还要管理教学设备,如实验室仪器、多媒体教学设备等,定期进行设备维护和更新,为教学活动提供良好的物质条件。教学质量监控是教学事务管理的关键环节,行政部门要通过组织学生评教、教师互评、教学检查等方式,及时发现教学过程中存在的问题,并采取相应措施加以改进。

(二)科研事务

科研事务在高校行政管理中占据重要地位。首先是科研项目的管理,行政部门要积极收集和发布各类科研项目信息,组织教师申报项目。在项目申报过程中,要对申报材料进行严格审核,确保项目的科学性和可行性。项目立项后,要进行经费管理,包括经费预算审核、经费报销审批、经费使用监督等,保证科研经费的合理使用。

科研成果管理也是科研事务的重要组成部分。行政部门要建立科研成果登记和评估制度,对教师的科研论文、著作、专利等成果进行登记和评价。同时,要积极推动科研成果的转化和应用,通过与企业合作、举办成果推介会等方式,将高校的科研成果转化为实际生产力,提高高校的社会影响力。此外,科研平台建设也是科研事务管理的内容之一,包括实验室建设、科研基地建设等,为教师开展科研工作提供良好的平台。

(三)校园建设与资源管理事务

校园建设与资源管理事务对高校的发展至关重要。在校园规划方面,行政部门要根据高校的发展战略和师生规模,制订校园建设规划,包括教学楼、图书馆、体育馆、宿舍等建筑的建设和布局。在建设过程中,要协调施工单位、监理单位等各方关系,确保工程质量和进度。

校园资源管理包括对土地、房产、设备等物质资源的管理。例如,要合理分配办公用房、教学用房和科研用房,提高房屋资源的利用率。对于校园内的设备设施,如水电设备、网络设备、交通工具等,要建立完善的维护和管理制度,保证其正常运行。同时,还要注重校园环境的建设和管理,包括绿化美化、环境卫生、校园文化景观建设等,营造良好的学习、工作和生活环境。

第二节　高校行政管理的内容

一、规划与决策内容

(一)发展战略规划

高校行政管理的重要内容之一是参与制订高校的发展战略规划。这需要行政部门综合考虑国家教育政策、社会经济发展趋势、行业需求以及高校自身的优势和劣势。例如,在分析国家对创新型人才培养的重视和科技发展趋势的基础上,高校行政部门可以协助领导团队制定以科技创新为核心的发展战略,包括加强科研平台建设、引进高层次科研人才、鼓励学生参与创新创业活动等内容。

在制订发展战略规划过程中,行政部门要广泛收集各方意见,包括教师、学生、校友、行业专家等的建议。通过组织战略研讨会、问卷调查、专家咨询等方式,深入了解高校在教学、科研、社会服务等方面的现状和发展潜力,为制定科学合理的发展战略提供依据。同时,要将发展战略规划细化为具体的年度计划和工作目标,明确各部门的职责和任务,确保战略规划的有效实施。

(二)资源分配决策

资源分配决策是高校行政管理的关键内容。行政部门需要对高校的人力、物力、财力资源进行合理分配。在人力资源分配方面,要根据不同学科专业的发展需求和教学科研任务,合理确定教师和行政人员的数量和结构。例如,对于新兴学科和重点发展学科,要适当增加教师招聘数量,并注重引进具有高水平科研能力的人才。

物力资源分配包括教学设备、科研仪器、办公设施等的分配。行政部门要根据各部门的实际需求和使用频率,公平合理地分配这些资源。在财力资源分配上,要制订科学的预算方案,优先保障教学、科研等核心业务的经费需求。例如,在预算编制过程中,要合理确定教学经费、科研经费、校园建设经费等各项经费的比例,同时要根据高校发展战略和实际情况,对重点项目和特色项目给予适当倾斜。

二、组织与协调内容

(一)组织架构设计与优化

高校行政管理需要设计和优化组织架构,以适应高校的发展需求。组织架构设计要明确各部门的职责和权力,建立清晰的层级关系。例如,设立教学管理部门、科研管理部门、学生管理部门、后勤管理部门等不同职能部门,明确各部门在教学、科研、学生事务、后勤保障等方面的主要职责。

同时,要注重组织架构的灵活性和适应性。随着高校规模的扩大、学科的发展和新业务的出现,要适时调整组织架构。比如,当高校开展国际合作办学项目时,可以设立专门的国际合作办公室,负责国际学生招生、国际课程引进、国际合作项目管理等工作。此外,要建立有效的沟通协调机制,加强各部门之间的联系和协作。

(二)跨部门协调与合作

跨部门协调与合作是高校行政管理的重要内容。在教学管理方面,需要教务处、学生处、各学院等多部门协同工作。例如,在组织实习实践教学活动时,教务处负责制订实习计划和课程安排,学生处负责学生的组织和安全教育,各学院则负责具体的实习指导和管理工作。

在科研管理中,科研处、财务处、人事处等部门需要密切配合。科研处负责科研项目的组织申报和管理,财务处要做好科研经费的管理和保障工作,人事处则要在人才引进和科研团队组建方面提供支持。此外,在校园大型活动、突发事件处理等情况下,更需要全校各部门的统一协调和合作,形成高效的工作合力,确保高校各项工作的顺利开展。

三、监督与评估内容

(一)行政工作监督

高校行政管理需要对行政工作进行全面监督,以保证行政工作的质量和效率。在人员管理方面,要监督行政人员的工作纪律、工作态度和工作绩效。例如,通过考勤制度、工作检查、师生投诉处理等方式,对行政人员的日常工作进行监督,确保行政人员按时、高质量地完成工作任务。

在财务工作监督方面,要建立严格的财务审计制度,对高校的经费收支、预算执行、资产管理等情况进行定期审计。防止财务违规行为,确保经费的合理使用。同时,对教学、科研、后勤等其他行政工作也要进行监督,如教学质量监督、科研项目进展监督、后勤服务质量监督等,及时发现问题并采取相应的措施加以解决。

(二)工作绩效评估

工作绩效评估是高校行政管理的重要环节。对于教师,要建立全面的绩效评估体系,包括教学质量评估、科研成果评估、社会服务评估等内容。通过学生评教、同行评议、教学成果考核、科研论文发表与引用情况、科研项目完成情况、参与社会培训和咨询服务等多方面指标,对教师的工作绩效进行综合评价。

对于行政人员,要根据其岗位职责和工作任务,制定相应的绩效评估指标,如工作完成情况、服务师生满意度、创新工作举措等。通过绩效评估,为教师和行政人员的晋升、奖励、薪酬调整等提供依据,同时也为高校行政工作的改进和发展提供参考。此外,对高校的整体工作绩效也要进行评估,包括教学质量提升、科研水平提高、社会声誉扩大、学生就业质量改善等方面,以全面衡量高校的发展成效。

第三节　高校行政管理的职能

一、高校行政管理的主要职能

高校行政管理的职能主要源自政府教育行政管理职能。高校的行政管理职能可以分为教育指导职能、教育服务职能和教育管理职能。

(一)教育指导职能

高校行政管理的教育指导职能是指高校要以国家政府颁布的各项教育方针政策为主要依据,按照当前的方针政策进行教育指导。

(二)教育服务职能

高校的教育服务职能体现在,行政管理部门通过各项规章制度来组织高校的非行政人员进行教学和科研等活动。处理好在教学和科研中的各种问题,全面使高校的教职工都能在自己的岗位上勤劳奋斗、爱岗敬业,最终实现高校的预期目标。

(三)教育管理职能

高校行政管理的教育管理职能主要体现在,行政管理人员通过管理运行体制和实施具体的管理办法,对高校的教职工进行管理,使他们能够按照条例和规范有序地工作。

上述职能由我国的社会主义性质决定,对高校的教学和科研起着重要作用。随着社会的发展变化,高校行政管理的职能对其教学起到保障作用,因此,要在加强和改善高校行政管理职能的基础上,不断完善和创新高校的行政管理职能,这样才能更好地使高校的教育水平得以提高。

二、高校行政管理职能的作用

高校的行政管理是实现教育和科研目标的重要保障,具有指导、调节、约束等性质。要确保高校的发展和改革顺利进行,必须充分发挥行政管理职能的作用。

第一,高校行政管理工作的保障作用体现在其服务职能上。高校的行政管理工作关系到学校的整体运行，几乎每一件事情都与它息息相关。哪怕是再小的事，一旦管理出现失误，也可能引发一系列问题，影响到事情的进度和效率。要真正保证高校的办学质量和改革成效，就必须充分发挥其服务职能，将服务职能融入工作中，协调好各种关系。

第二，高校的办学宗旨是为国家培养优秀人才，应从管理、服务等方面加以实现。师生的管理、服务都要经过学校行政管理部门的统筹协调。虽然各个部门的工作存在很大差异，但当出现不和谐现象时，学校要求管理部门做好各自工作，并协调各个部门的工作，使其协调和服务功能得到最大限度地发挥。高校通过加强对教学与科研的管理，使其深入学校的各个工作环节，从而实现高校行政管理的整体效能和工作效率的提升。

第三，高校行政管理的改革和发展，以其有力的支撑推动大学的改革和发展，同时也激发了全体师生的积极性。对各个部门和人员的工作进行监督和检查，能够确保学校日常工作的顺利进行。在高校的行政管理工作中，最科学、最合理地发挥行政管理职能的作用，为实现大学行政工作的系统化和制度化奠定坚实的基础。

第四节　高校行政管理的运行机制

一、动力机制

(一)利益驱动

利益驱动是高校行政管理运行的重要动力机制之一。对于教师而言，高校通过职称评定、薪酬待遇、科研奖励等利益因素激励教师积极开展教学和科研工作。例如，高校可以设立不同等级的教学优秀奖和科研成果奖，对在教学质量提升和科研创新方面有突出表现的教师给予物质奖励和荣誉表彰，激发教师的工作积极性。

对于行政人员，合理的薪酬体系、晋升机会和福利待遇是重要的利益驱动因素。高校可以根据行政人员的工作绩效和贡献，给予其相应的薪酬增长和晋升,鼓励行政人员提高工作效率和服务质量。此外,对于学生,奖学金、助学金、荣誉称号等利益激励措施可以促进学生努力学习、积极参与校园活动和社会实践,推动高校教育教学目标的实现。

(二)目标驱动

目标驱动在高校行政管理运行中起着关键作用。高校制定明确的发展目标,如建设世界一流大学、国内高水平大学等,这些目标为全体师生和行政人员提供了共同的奋斗方向。行政部门将高校发展目标分解为具体的工作目标和任务,落实到各个部门和岗位。

例如,在教学管理方面,以提高人才培养质量为目标,制定课程建设目标、教学方法改革目标、学生综合素质提升目标等;在科研管理方面,以提升高校科研水平为目标,确定科研项目申报数量和质量目标、科研成果转化目标等。通过目标驱动,促使全体人员朝着共同目标努力工作,推动高校行政管理的有序运行。

二、约束机制

(一)制度约束

制度约束是高校行政管理运行的重要保障。高校建立了一系列行政管理制度,包括人员管理制度、财务管理制度、教学管理制度、科研管理制度、后勤管理制度等。这些制度明确规定了工作流程、行为规范和奖惩措施。例如,在人员管理制度中,规定了教师和行政人员的招聘、培训、考核、晋升等流程和标准,规范了人员的行为;在财务管理制度中,对经费的预算编制、审批、使用、报销等环节都有严格的规定,防止财务违规行为。制度的严格执行可以有效约束全体人员的行为,保证高校行政管理工作的规范化和制度化。

(二)文化约束

文化约束是一种无形但却深刻的约束机制。高校行政文化强调团队合作、敬业奉献、学术自由、以师生为本等价值观。这些价值观通过日常的宣传教育、领导示范、校园文化活动等方式在师生和行政人员中传播和传承。例如,在一个倡导敬业奉献文化的高校中,行政人员会自觉以服务师生为己任,积极主动地完成工作任务,即使在没有明确制度规定的情况下,也会遵循文化价值观的指引。文化约束与制度约束相辅相成,能够共同营造良好的行政管理环境,促进高校行政管理的健康运行。

三、协调机制

(一)信息沟通协调

信息沟通协调是高校行政管理运行的关键协调机制。高校建立了多种信息沟通渠道,包括校内办公系统、会议、通知公告、师生座谈会等。通过校内办公系统,行政人员可以及时发布和接收工作信息、文件、通知等,实现高效的信息传递。

定期召开的会议是信息沟通和协调工作的重要方式。例如,校领导召开的行政工作例会,各部门负责人在会上汇报工作进展,提出问题和建议,共同商讨解决方案;学科建设会议则可以促进不同学科之间的信息交流和资源共享。师生座谈会则为行政部门与师生之间搭建了直接的沟通平台,行政部门可以了解师生的需求和意见,及时调整工作策略,提高行政管理的针对性和有效性。

(二)利益协调

利益协调是高校行政管理运行中不可忽视的协调机制。高校内部存在不同群体的利益诉求,如教师希望获得更多的科研资源和教学支持,行政人员关注自身的职业发展和福利待遇,学生则希望得到优质的教育教学服务和良好的学习生活环境。

行政部门需要协调这些利益关系,通过制定公平合理的政策和资源分配方案来平衡各方利益。例如,在制订科研资源分配方案时,既要考虑学科发展的需要,又要兼顾不同学科教师的需求,避免资源过度集中在少数学科或教师手中;在改善校园生活环境时,要充分听取学生的意见,合理安排经费和建设项目,满足学生的基本生活需求和对校园环境的期望。

第五节 高校行政管理的执行体系

一、行政领导与决策执行

(一)领导团队的引领作用

高校行政领导团队在行政管理执行体系中起着关键的引领作用。领导团队需要具备高瞻远瞩的战略眼光、卓越的领导能力和丰富的教育管理经验。可以根据国家教育政策、社会发展需求和高校自身实际情况,制定发展战略和工作目标,并将其转化为具体的行政决策。

例如,在面对高等教育国际化趋势时,领导团队可以做出加强国际合作办学、引进国际优质教育资源、提升师生国际视野等决策。在执行这些决策过程中,领导团队要通过组织动员、资源调配、监督指导等方式,确保全校各部门和师生朝着共同的目标努力。同时,领导团队要以身作则,树立良好的工作作风和价值导向,激励全体人员积极参与行政管理工作。

(二)决策执行的层级落实

高校行政决策的执行需要通过层级落实来实现。校级领导制定的决策首先应传达给中层行政管理人员,中层管理人员再将其分解细化为具体的工作任务,分配给基层行政人员和教师。例如,在教学改革决策的执行中,校级领导提出全面推进课程思政建设的要求,教务处作为中层管理部门,制订课程思政建设的实施方案,包括课程思政的目标、内容、教学方法、考核方式等方面的具体规定,然后将任务下达给各学院和教师,教师在课堂教学中具体实施课程思政内容。

在层级落实过程中,要明确各层级的职责和权力,建立有效的沟通反馈机制。基层行政人员和教师在执行过程中遇到问题要及时向上级反馈,上级部门要根据反馈信息及时调整决策或提供指导,保证行政决策的顺利执行。

二、部门协作执行

(一)部门间的联动机制

高校行政管理执行体系中,部门间的联动机制至关重要。各部门之间需要建立紧密的合作关系,形成协同工作的合力。例如,在组织校园文化节活动时,党委宣传部负责活动的策划和宣传推广,学生处组织学生参与,团委协调社团开展相关活动,后勤处保障活动的场地和物资供应,保卫处确保活动的安全。

这种部门间的联动机制需要建立在共同的目标和利益基础上。通过签订合作协议、建立联合工作小组、定期召开协调会议等方式,明确各部门在活动中的职责和工作流程,加强信息共享和沟通协调,避免出现部门之间的推诿扯皮现象,提高活动的组织效率和质量。

(二)跨部门项目执行

在高校行政管理中,经常会有跨部门项目的执行。比如,建设新的学科实验室,这涉及科研处、教务处、财务处、后勤处等多个部门。科研处负责提出实验室建设的科研需求和规划,教务处考虑实验室在教学中的应用和课程设置,财务处安排项目经费预算和资金管理,后勤处负责实验室的场地建设和设备采购安装。

在跨部门项目执行过程中,要指定项目负责人,建立项目管理团队,制订详细的项目执行计划和时间表。项目管理团队要定期召开项目推进会,汇报项目进展情况,解决项目执行过程中出现的问题,确保跨部门项目按计划顺利完成,为高校的教学、科研等工作提供有力的支持。

三、监督反馈执行

(一)执行过程的监督

在高校行政管理执行体系中,对执行过程的监督是保障决策有效落实的关键环节。这需要建立多维度的监督机制,从行政工作的各个方面入手。

首先是对人员执行情况的监督,包括行政人员、教师等是否按照规定的职责和流程开展工作。例如,在教学管理中,监督教师是否按照教学大纲授课,是否按时完成教学任务,教学方法是否符合要求等;对于行政人员,检查其在处理学生事务、财务报销、文件管理等工作中是否遵守相关制度。通过定期的教学检查、行政工作审查以及随机的课堂观摩、业务抽查等方式,全面了解人员的执行情况。同时,利用现代信息技术,如在线教学平台记录、办公自动化系统的操作日志等,为监督提供更翔实的数据支持。

同时,要对资源使用情况进行监督。在经费使用方面,审查各个项目和部门是否按照预算方案合理使用经费,有无超支或挪用现象。建立精细化的财务分析系统,对每一笔经费的流向和使用效益进行跟踪评估,确保每笔经费都用在刀刃上。对于物资设备的使用,检查是否存在浪费、闲置或不合理分配的问题。通过物联网技术对大型设备的使用频率、使用人员等信息进行采集,以便合理调配资源,提高设备利用率。此外,还要对工作进度进行监督,依据行政决策的执行计划和时间表,检查各项工作是否按时推进。运用项目管理软件和任务跟踪系统,将行政决策分解为具体的任务和里程碑,实时监控进度,及时发现可能出现的延误风险。

为了强化监督效果,高校可以成立专门的监督小组,成员包括经验丰富的行政人员、教师代表和外部专家。监督小组独立于执行部门,能够以客观公正的视角开展工作。他们定期对行政工作进行全面审查,并针对重点项目和关键环节进行专项检查,确保行政执行过程的规范性和高效性。

(二)反馈机制的构建

构建有效的反馈机制是完善高校行政管理执行体系的重要内容,反馈机制应涵盖从基层到高层的信息流通。

基层行政人员和教师在执行过程中是最直接的信息感知者,他们需要将在工作中遇到的问题、困难以及师生的意见和建议及时反馈给上级部门。为此,高校可以建立多样化的反馈渠道。例如,开发专门的行政管理反馈 APP,教师和行政人员可以随时随地提交问题和建议,并能实时查询处理进度。在校园内设置意见箱,方便师生匿名反馈。同时,定期组织基层座谈会,为大家提供面对面交流的机会。

上级部门要重视这些反馈信息,建立专门的信息收集和处理平台。对于反馈的问题要及时分析原因,判断是决策本身的问题、执行环节的问题还是其他因素导致的。如果是决策问题,要考虑对决策进行调整或优化;若是执行环节的问题,则要对执行人员进行指导或培训,改进工作方法。例如,如果教师反馈某门课程的实践教学环节由于实验设备不足导致效果不佳,相关部门要迅速评估是预算分配问题还是设备采购流程问题,并及时采取措施解决。

在处理反馈信息时,高校可以引入数据分析技术,对大量的反馈内容进行分类、统计和关联分析。通过这种方式,能够发现一些潜在的、共性的问题,为行政决策和管理改进提供更有价值的依据。同时,将反馈处理结果及时反馈给基层人员,形成一个完整的信息闭环,增强师生参与反馈的积极性和信心。

此外,还可以引入外部监督和反馈。邀请校友、家长、合作企业等外部群体参与对高校行政管理执行情况的监督和评价。他们可以从不同的视角为高校行政管理提供宝贵的意见和建议,促进高校更好地满足社会需求,提升自身的管理水平和社会声誉。例如,校友可以根据自己在社会中的工作经验,对高校的人才培养模式和课程设置提出建设性意见;合作企业可以从用人需求的角度,对高校的实习实践管理和学生综合素质培养提供反馈,帮助高校更好地对接社会需求,使行政管理工作更具前瞻性和适应性。通过内外结合的反馈机制,全面提升高校行政管理的质量和效率,推动高校朝着更加卓越的方向发展。

第五章 高校行政管理模式

随着高校行政管理理论模式不断改革与优化,建立一种适应高校发展的行政管理模式,对推动我国高校教育事业发展具有重大意义,能够提升高校行政管理工作效率,更好地为师生员工提供服务,为教学科研活动的顺利进行保驾护航,不断提升高校办学水平。

第一节 科层式管理模式

一、科层式管理模式的历史溯源与理论基础

(一)历史发展脉络

科层式管理模式在高校中的应用有着深厚的历史根源。它的发展与现代高校制度的形成和演变密切相关。早期的高校规模较小,管理相对简单,多以学者自治为主。然而,随着高等教育的发展,高校的功能不断拓展,学生数量和学科门类逐渐增多,原有的简单管理方式无法满足需求。

在工业革命带来的大规模组织管理理念影响下,科层式管理模式开始在高校中生根发芽。19 世纪至 20 世纪初,一些西方著名高校开始借鉴企业和政府的科层管理经验,逐步建立起层级分明、分工明确的行政管理体系。

(二)理论支撑体系

1. 韦伯的科层制理论

科层式管理模式的核心理论基础之一是马克斯·韦伯的科层制理论。韦伯认为,科层制是一种理想的组织形式,具有明确的分工、层级节

制的权力体系、依照规程办事的运作机制、形式正规的决策文书以及非人格化的组织管理等特点。在高校行政管理中,这种理论体现为不同部门和职位之间清晰的职责划分。例如,教务处负责教学管理相关事务,包括课程安排、教学评估等;人事处专注于人员招聘、考核和薪酬管理等工作。每个部门和岗位都有明确的任务和权力范围,就像一台精密机器中的各个零部件,相互协作又各司其职。

2. 泰勒的科学管理理论

泰勒的科学管理理论对高校科层式管理模式也产生了重要影响。该理论强调通过科学方法来提高工作效率,如对工作流程进行详细分析、制定标准化的工作方法和合理的工作定额等。在高校中,这表现为对行政工作流程的规范化。以财务报销为例,高校会制定详细的报销流程指南,明确规定报销凭证的种类、填写规范、审批程序等,行政人员和师生都需要按照这一标准流程来操作,以提高报销工作的效率和准确性,减少不必要的沟通成本和错误。

二、科层式管理模式的组织结构与运行逻辑

(一)金字塔式的组织结构

1. 校级领导核心层

处于科层式管理模式金字塔顶端的是校级领导,包括校长、副校长等。他们是高校发展战略的制定者和重大决策的拍板者。校长作为高校的最高行政负责人,需要统筹考虑学校的整体发展方向、资源分配以及对外关系等重大问题。例如,在制订学校的长期发展规划时,校长要结合国家教育政策、社会发展需求以及学校自身的优势和劣势,确定学校在未来若干年内是要侧重于教学质量提升、科研创新突破还是社会服务拓展等方向,并协调各副校长和相关部门进行战略细化和实施。

2. 中层管理部门

中层管理部门是联结校级领导和基层的关键环节,如教务处、科研处、学生处、人事处、财务处、后勤处等。这些部门在各自的职能领域内发

挥着重要作用。教务处负责制订和执行教学计划、课程体系建设、教学质量监控等工作。他们依据学校的总体人才培养目标,组织教师编写教学大纲、安排课程表,并通过多种方式对教学过程进行监督和评估,以确保教学质量的稳定和提高。科研处则围绕学校的科研发展战略,积极组织科研项目申报、管理科研经费、促进科研成果转化等工作。例如,科研处需要及时发布国家和地方的科研项目信息,组织教师进行项目申报培训,对申报材料进行严格审核,同时还要监督科研项目的进展情况,确保科研经费的合理使用和科研成果的有效产出。

3. 基层执行层

基层执行层包括各学院、系部的行政人员和教师,他们是学校各项政策和计划的直接执行者。在教学方面,教师按照教务处的安排开展课堂教学,依据教学大纲完成教学任务,并将学生的学习情况反馈给相关部门。学院和系部的行政人员则协助处理日常的教学管理事务,如学生选课管理、成绩录入等。在科研工作中,教师在科研处的指导下开展研究工作,参与科研项目的实施,并向科研处汇报项目进展和成果。基层执行层就像金字塔的基石,他们的工作质量直接影响着高校整体的运行效果。

(二)指令驱动的运行逻辑

1. 自上而下的指令传达

在科层式管理模式下,信息和指令主要是自上而下传递的。校级领导制定的战略决策和工作部署首先传达给中层管理部门。例如,学校决定开展本科教学质量提升工程,校长提出了一系列总体要求,包括加强课程建设、改进教学方法、完善教学评价体系等。这些要求会通过会议、文件等形式传达给教务处、学生处等相关中层部门。中层部门再根据校级领导的指示,将任务进一步细化并传达给基层执行人员。教务处可能会制订具体的课程建设标准和教学方法改革指导意见,然后下发给各学院和教师,要求他们在规定时间内完成相应的工作。

2. 自下而上的信息反馈

在指令传达的同时,自下而上的信息反馈也不可或缺。基层执行人员在执行过程中遇到的问题、取得的成果以及师生的意见和建议需要及时反馈给上级部门。教师在教学改革过程中,如果发现某些新的教学方法在实际应用中存在困难,或者学生对课程内容有特殊的需求,会将这些情况反馈给学院或系部的行政人员,行政人员再将信息汇总上报给教务处等相关部门。中层部门对这些反馈信息进行分析和整理后,如果问题超出自身处理范围,则向校级领导汇报。通过这种信息反馈机制,学校管理层能够及时了解政策和计划的执行情况,以便对决策进行调整和优化。

三、科层式管理模式的优势剖析

(一)管理的规范化与标准化

1.明确的职责界定

科层式管理模式通过清晰的层级划分和部门设置,明确了每个岗位和部门的职责。这种明确性使得行政人员和教师清楚地知道自己的工作内容和范围,避免了职责不清导致的推诿现象。例如,在高校的科研项目管理中,科研处负责项目的整体规划、申报组织和经费管理;财务处负责科研经费的核算、报销和财务监督;项目负责人则负责项目的具体研究实施和成果产出。每个环节都有明确的责任主体,当出现问题时,可以迅速追溯责任,提高管理效率。

2.规范的工作流程

在科层式管理模式下,各项工作都遵循规范的流程。从教师招聘到学生入学,从教学管理到科研项目推进,都有一套既定的程序。以教师招聘为例,招聘流程通常包括发布招聘信息、接收简历、资格审查、笔试、面试、试讲、体检、公示等环节。每个环节都有详细的要求和标准,这种规范的流程保证了招聘工作的公平公正,同时也提高了招聘质量。在教学管理方面,课程安排、考试组织、成绩评定等都有相应的流程,确保了教学工作的有序进行。

(二)资源整合与高效利用

1.资源的统筹规划

校级领导和中层管理部门在科层式管理模式下能够对高校的人力、物力、财力资源进行统筹规划。根据学校的发展战略和各部门的需求,合理分配资源。在人力资源方面,人事处根据学校的学科建设和教学科研任务,确定不同学科、不同岗位的教师和行政人员的招聘计划。例如,对于重点发展的学科,可以加大人才引进力度,招聘具有高水平科研能力和教学经验的教师;对于行政岗位,可以根据工作负荷和业务需求,合理确定人员数量和结构。在物力资源方面,后勤处负责对校园的土地、房产、设备等资源进行统一管理和调配。学校可以根据教学科研的需要,合理分配实验室、教室、办公用房等资源,提高资源的利用率。

2. 规模效益的实现

科层式管理模式有利于高校实现规模效益。通过集中管理和统一调配资源,高校可以在教学、科研等方面开展大规模的活动。例如,在教学方面,学校可以集中采购教材,建设网络教学平台等,降低成本的同时提高教学资源的质量。在科研方面,学校可以集中建设大型科研设施和仪器设备共享平台,为多个学科的教师和科研人员提供服务,避免了资源的重复购置和浪费,提高了科研资源的使用效率,促进学科交叉研究和创新。

(三)决策的专业性与权威性

1. 专业决策团队

科层式管理模式中的决策层通常由具有丰富经验和专业知识的校级领导和中层管理人员组成。他们在各自的领域有着深入的研究和实践经验,能够做出专业性较强的决策。例如,在学科建设决策中,学校领导、学科带头人以及教务处、科研处等相关部门负责人会共同参与。他们依据学科评估数据、国内外学科发展趋势、学校的资源状况等多方面因素,制订学科发展规划,确定重点学科建设方向,分配学科建设资源等。这些决策基于专业的分析和判断,有利于学校学科水平的提升。

2. 决策的权威性保障

由于决策是由学校的高层和中层领导集体做出的,并且经过了一定的程序和流程,因此具有较高的权威性。这种权威性使得决策能够在全校范围内得到有效的贯彻执行。例如,学校决定实施一项新的教学改革方案,该方案经过了专家论证、领导审批等环节,一旦发布,各学院、系部和教师都需要按照方案的要求进行教学改革实践。这种权威性保障了学校管理的统一性和稳定性,避免了因决策分散而导致的混乱局面。

四、科层式管理模式的局限与挑战

(一)信息传递与沟通障碍

1.信息失真与滞后

在科层式管理模式下,信息在多层级的传递过程中容易出现失真和滞后的问题。由于每个层级的人员对信息的理解和处理方式不同,信息在传递过程中可能会被删减、曲解或延误。例如,校级领导提出的关于教学改革的一些创新理念,在传达给基层教师的过程中,可能经过中层部门的层层传达而变得模糊不清,或者因为中层人员的理解偏差而失去了原有的内涵。同时,信息从基层反馈到决策层也可能需要较长时间,导致决策层无法及时掌握实际情况,错过最佳的决策时机。

2.横向沟通的困难

科层式管理模式虽然有明确的纵向层级关系,但横向部门之间的沟通往往存在困难。各部门往往更关注自身的职责和任务,缺乏主动与其他部门沟通协作的意识。例如,当教务处计划调整某专业的课程设置时,可能没有及时与学生处沟通,导致学生处无法提前做好学生的思想工作和相应的管理调整,从而引起学生的不满。而且,由于缺乏横向沟通机制和平台,部门之间在遇到需要跨部门合作的问题时,可能需要通过上级领导来协调,增加了沟通成本和协调难度。

(二)创新抑制与应变能力不足

1.对创新的束缚

科层式管理模式的规范化和标准化特点在一定程度上可能会束缚创新。严格的规章制度和既定的工作流程可能使得行政人员和教师在尝试新的管理方法或教学模式时面临诸多限制。例如,教师如果想要开展一种全新的跨学科课程教学,可能需要突破现有的课程审批程序、教学资源分配方式等,而这些突破可能会受到来自不同层级和部门的阻力。创新往往需要承担一定的风险,但在科层式管理模式下,这种风险可能不被鼓励,从而抑制了学校的创新活力。

2.应变能力的欠缺

在面对快速变化的外部环境和突发情况时,科层式管理模式的应变能力相对不足。由于决策需要经过多个层级的讨论和审批,在紧急情况下可能无法迅速做出反应。例如,在突发公共卫生事件期间,学校需要迅速调整教学方式为线上教学,这涉及教学安排、教师培训、技术支持、学生管理等多个方面的问题。如果按照科层式管理的常规流程,可能无法及时完成调整,影响教学工作的正常进行。此外,当教育政策、社会需求等外部因素发生重大变化时,科层式管理模式可能因为其结构的相对僵化而难以快速适应新的形势。

第二节　参与式管理模式

一、参与式管理模式的内涵与核心价值

(一)内涵阐释

参与式管理模式是一种强调高校全体成员积极参与学校管理过程的模式,它突破了传统科层式管理中以少数领导和行政人员为决策主体的局限。在这种模式下,行政管理人员、教师、学生以及其他利益相关者都是学校管理的积极参与者,共同参与学校发展规划的制订、管理制度的设计、教学科研的管理等各个环节。

参与式管理模式不仅是简单地让师生参与决策讨论,更是一种深度的、全方位的参与。例如,在课程设置方面,不仅是教务处根据学科大纲和培养目标来确定课程,教师可以根据自己的教学实践经验提出课程内容的优化建议,学生也可以反馈他们在学习过程中的需求和困难。这些来自不同层面的意见和建议都将被充分考虑,共同构建出更符合教学实

际和学生需求的课程体系。

(二)核心价值体现

1.民主价值

参与式管理模式的核心价值之一是民主。它赋予了每一位参与主体平等的权利和机会,在管理过程中充分尊重每个人的意见和建议,无论是在学校的重大战略决策还是日常管理事务中都遵循民主的原则。例如,在学校的发展规划制订过程中,通过召开全校师生代表大会、开展在线问卷调查、组织专题研讨会等多种形式,广泛征求师生的意见。每个师生都有机会表达自己对学校未来发展方向、发展重点的看法,这种民主的氛围能够激发师生参与学校管理的热情,增强他们对学校的归属感和责任感。

2.发展价值

参与式管理模式的另一个核心价值是促进全体成员的发展。对于教师而言,参与学校管理可以让他们更好地了解学校的整体发展战略和教育教学目标,从而将个人的教学和科研工作与学校的发展相结合。在参与管理过程中,教师可以通过与不同学科、不同部门的人员交流合作,拓宽自己的视野,获取新的教学和科研思路。例如,在参与学科交叉项目管理的过程中,教师可以接触到其他学科的前沿知识和研究方法,促进自身学科知识的更新和科研能力的提升。

对于学生来说,参与学校管理可以培养他们的自主管理能力、沟通能力、团队协作能力和社会责任感。例如,学生参与学校的社团管理、学生活动组织等工作,可以在实践中锻炼自己的领导能力和组织协调能力。同时,通过参与学校的教学管理反馈,学生能够更好地表达自己的学习需求,促进教学质量的提高,也有利于自身的学习和成长。

二、参与式管理模式的实施途径与机制

(一)多样化的参与平台构建

1.正式组织参与

高校可以通过完善和拓展已有的正式组织来为师生提供参与管理的

平台。例如，充分发挥学术委员会、教学委员会、学位委员会等专业委员会的作用。学术委员会在学校的学术事务管理中扮演关键角色，其成员应包括不同学科的专家学者、青年教师代表等。学术委员会负责审议学校的学科建设规划、科研项目立项与评审、学术成果评价等重要学术事务。在决策过程中，委员充分讨论、民主投票，确保学术决策的科学性和公正性。

教学委员会则专注于教学管理相关事务，成员包括教师、学生代表和教学管理人员。教学委员会参与课程设置、教学大纲编写、教学质量评估、教学改革方案制订等工作。通过定期召开会议，教学委员会成员可以分享教学经验，反馈教学问题，并共同商讨解决方案。例如，在教学质量评估方面，教学委员会可以制定更加科学合理的评估指标和方法，充分考虑教师的教学效果、学生的学习体验等因素。

2. 非正式组织与活动参与

除了正式组织外，高校还应重视非正式组织和活动在参与式管理中的作用。学生社团是学生参与学校管理的重要非正式组织形式。学校应鼓励学生社团积极开展与学校管理相关的活动，如组织校园文化节，举办学术讲座，开展志愿服务等。在这些活动的组织过程中，学生社团可以向学校管理部门提出场地、经费、政策等方面的支持需求，同时也可以反馈活动开展过程中遇到的问题，如场地设施不足、活动审批流程烦琐等。学校管理部门可以根据学生社团的反馈，及时调整管理策略，优化相关流程。

此外，高校还可以举办各种形式的师生座谈会、工作坊、头脑风暴等活动。这些活动为师生提供了一个宽松、自由的交流环境，便于大家充分表达想法。例如，定期组织教师工作坊，围绕教学方法创新、课程思政建设等主题展开讨论。教师可以分享自己在实践中的成功经验，也可以提出遇到的困难和挑战，共同寻求解决方案。对于学生而言，召开不同类型的座谈会，如专业学习座谈会、生活服务座谈会等，能让学生有机会向学校反映学习和生活中的问题，如课程难度大、食堂菜品单一等。学校领导和相关部门负责人可以直接听取学生的声音,当场解答疑问或记录问题以便后续处理。

(二)信息共享与沟通机制

1.建立开放的信息平台

构建一个开放、透明的信息共享平台是参与式管理模式有效运行的关键。这个平台应整合学校的各类信息资源,包括学校发展规划、政策文件、教学科研资源、财务信息等,并向全体师生开放。例如,在教学资源方面,教师可以在平台上分享自己的教学课件、案例资料等,学生可以获取不同课程的学习资料,实现教学资源的共享。同时,学校的政策文件、发展规划等信息也可及时发布在平台上,让师生了解学校的发展方向和管理意图。

在平台上还应设置互动功能,师生可以对发布的信息进行评论、提问和建议。例如,当学校发布新的职称评定政策草案时,教师可以在平台上提出自己的疑问和修改建议,相关部门负责人可以及时回复,解释政策制定的背景和目的,根据合理建议对政策进行调整。这种信息的双向流通可以提高师生对学校政策的理解和认同,促进参与式管理的顺利开展。

2.多渠道的沟通网络

除了信息平台,还需要建立多渠道的沟通网络。学校可以利用电子邮件、即时通信工具、校园广播、公告栏等多种方式,确保信息能够及时、准确地传达给师生。同时,设置专门的意见反馈邮箱和热线电话,方便师生随时反映问题。例如,师生在发现校园安全隐患、教学设施损坏等情况时,可以通过拨打热线电话及时报告给学校的后勤管理部门或保卫处,相关部门能够迅速做出反应,进行处理。

在沟通网络中,要注重加强领导与师生之间的直接沟通。学校领导可以定期深入基层,与教师和学生面对面交流。例如,校长接待日活动,校长可以在指定时间和地点与师生进行一对一的交谈,了解他们的工作、学习和生活情况,听取他们的意见和建议。这种直接沟通方式能够拉近领导与师生之间的距离,增强师生对学校管理的信任。

三、参与式管理模式的优势与积极影响

(一)提升决策质量

1. 多元视角的融合

参与式管理模式汇聚了来自不同层面和背景的参与者,他们为决策带来了多元的视角。教师作为教学和科研的一线人员,对教学内容、方法以及学科发展有着深入的了解。他们的参与可以使教学相关决策更加贴近实际教学需求。例如,在制订新的专业人才培养方案时,教师能够根据市场对人才的需求变化、学科知识的更新情况,提出课程设置和实践教学环节的建议,确保培养出的学生具备较强的专业竞争力。

学生作为教育服务的直接接受者,他们的视角对于改进教学和管理工作也至关重要。学生可以反馈课程的难易程度、教学方式的有效性、校园生活设施的便利性等问题。这些反馈信息能够帮助学校优化课程体系,改进教学方法,完善校园服务设施。

其他利益相关者,如校友、家长和合作企业等,也能从不同角度为学校决策提供参考。校友可以凭借在社会上的工作经验,对学校的人才培养模式、专业设置提出建设性意见;家长关注学生的成长环境和教育质量,他们的意见可以促使学校加强对学生生活管理和心理健康教育;合作企业则根据市场需求和行业发展趋势,为学校的学科建设、实习就业指导等方面提供建议,使学校的决策更具前瞻性和适应性。

2. 减少决策失误

由于参与式管理模式在决策过程中充分征求了各方意见,能够对决策方案进行全面、深入的分析和论证,从而减少决策失误的可能性。在制订学校的发展战略规划时,通过广泛的参与和讨论,可以充分考虑到学校的资源现状、发展潜力、外部环境的机遇和挑战等因素。例如,如果学校计划新增一个学科专业,不仅要考虑学科发展的前景,还要听取教师的师资储备情况、教学资源配备情况,以及企业对该专业人才的需求预测等意见。通过这种全面的分析,可以避免盲目决策,提高决策的科学性和合理性。

(二)增强组织凝聚力与归属感

1.共同参与的情感纽带

参与式管理模式让师生和其他利益相关者参与学校管理,这种共同参与的过程形成了一种强大的情感纽带。当师生的意见和建议被重视并在学校决策中得到体现时,他们会感受到自己是学校发展的重要一员,从而增强对学校的认同感和归属感。例如,教师提出的关于改善教学环境的建议得到学校采纳并实施后,他们会对学校更加热爱,工作积极性也会更高。同样,学生参与学校的管理决策,如参与校园文化建设项目,会让他们觉得自己是校园的主人,更加珍惜校园生活,积极维护学校的荣誉。

2.促进内部协作与和谐

参与式管理模式促进了学校内部不同群体之间的协作与和谐。在参与过程中,教师、学生、行政人员等不同群体之间有了更多的交流和互动机会。这种跨群体的交流有助于打破部门壁垒和角色隔阂,增进相互之间的理解和信任。例如,在共同参与学校的大型活动策划过程中,行政人员、教师和学生需要密切配合,各自发挥优势。行政人员负责组织协调和资源保障,教师指导学生参与活动内容的设计和实施,学生则积极发挥创意和活力。通过这种协作,不同群体之间的关系更加融洽,形成了一个积极向上、团结和谐的校园氛围。

(三)激发创新活力

1.创新思维的碰撞

参与式管理模式为创新思维的产生和发展提供了良好的环境。不同背景和层次的参与者在参与管理过程中,将各自的知识、经验和思维方式汇聚在一起,形成了创新思维的碰撞。在教学管理方面,教师和学生共同参与可能会创造出全新的教学模式。例如,学生提出的基于问题解决的学习模式,结合教师的专业指导,可以发展成为一种新的课程教学方法,激发学生的学习主动性和创造性。在校园建设方面,师生和行政人员共同参与可以设计出更具人性化和特色的校园景观和设施,如打造具有学科特色的校园文化广场、设计方便学生交流和学习的户外空间等。

2. 鼓励创新实践

参与式管理模式不仅鼓励创新思维,还为创新实践提供了支持。学校通过建立激励机制,对在参与管理过程中提出创新建议并积极实践的师生给予奖励。例如,设立创新基金,对在教学改革、科研创新、校园管理改进等方面有突出贡献的个人或团队提供资金支持,用于进一步开展创新实践活动。同时,在参与式管理过程中,学校更加包容创新过程中的失败,将失败视为学习和改进的机会,为师生勇于尝试新的管理方法、教学模式和科研项目创造了宽松的氛围。

四、参与式管理模式面临的挑战与应对策略

(一)参与意识和能力的差异

1. 意识淡薄问题

在参与式管理模式的实施过程中,部分师生可能存在参与意识淡薄的问题。一些教师可能认为学校管理是行政部门的事情,自己只需要专注于教学和科研工作;部分学生可能觉得自己缺乏管理经验,对参与学校管理缺乏信心或兴趣。这种意识淡薄会导致参与式管理模式难以充分发挥其作用。

2. 能力参差不齐问题

参与学校管理需要一定的能力,包括分析问题的能力、提出有效建议的能力、沟通协调能力等。一些师生可能由于缺乏相关培训或经验,不知道如何有效地参与管理。例如,在参与学校发展规划讨论时,部分师生可能无法从宏观角度分析学校面临的机遇和挑战,提出的建议缺乏可操作性。

3. 应对策略

(1)加强宣传教育

通过校园网、校报、宣传海报等多种渠道,宣传参与式管理模式的重要性和意义,提高师生对参与学校管理的认识。可以定期举办参与式管理模式介绍会,邀请专家讲解参与式管理的理念、方法和成功案例,激发

师生的参与热情。

(2)开展能力培训

针对师生参与能力参差不齐的问题,学校可以组织专门的培训课程。对于教师,可以开展教育管理理论、政策分析、沟通技巧等方面的培训;对于学生,可以进行领导力培养、问题分析与解决、团队协作等方面的培训。通过培训,提高师生参与学校管理的能力水平。

(二)意见协调与决策效率的平衡

1. 意见分歧的协调难题

参与式管理模式涉及众多参与者,他们在参与过程中必然会产生不同的意见和观点。如何协调这些意见分歧是一个挑战。在资源分配决策中,不同学科的教师可能会为了争取更多的科研经费和教学资源而产生激烈的争论;学生在对校园设施建设的建议上也可能存在多种声音,如有的学生希望建设更多的体育设施,而有的学生则希望改善图书馆的学习环境。

2. 决策效率的潜在影响

广泛的参与虽然可以提高决策质量,但也可能会对决策效率产生一定的影响。在参与式管理模式下,需要花费大量时间征求意见,组织讨论和协商。例如,在制订学校的年度预算方案时,如果要充分听取每一位师生的意见,可能需要经过多次会议、问卷调查、小组讨论等环节,这可能会导致决策过程过于漫长,错过最佳的决策时机,尤其是在一些需要快速做出决策的紧急情况下。

3. 应对策略

(1)建立有效的协调机制

学校可以成立专门的协调小组,成员包括学校领导、行政人员、教师代表和学生代表等。协调小组负责收集和整理各方意见,分析意见分歧的焦点和原因,通过沟通、协商、妥协等方式,寻求各方都能接受的解决方案。例如,在资源分配问题上,可以根据学科发展需求、教学科研成果、学生人数等因素,制定一套公平合理的资源分配指标体系,平衡不同学科和群体之间的利益。

（2）优化决策流程

在保证决策质量的前提下，对决策流程进行优化，提高决策效率。可以采用分层决策的方法，对于一些一般性的问题，可以在基层部门或群体内部进行讨论和决策，然后将结果上报；对于重大问题，再进行全校范围的参与式决策。同时，利用现代信息技术，如在线投票、电子调查问卷等方式，加快信息收集和反馈的速度，缩短决策周期。

（三）权力分配与责任界定的问题

1.权力分配的复杂性

参与式管理模式需要合理分配权力，让不同的参与主体在管理过程中有相应的权力。然而，权力分配是一个复杂的问题，涉及学校的治理结构、行政权力与学术权力的平衡等多个方面。例如，在学术事务管理中，如何确定教师、学术委员会、行政部门之间的权力关系是关键。如果学术权力过大，可能会导致决策过于分散，缺乏统筹协调；如果行政权力过度干预学术事务，又会影响学术自由和创新。在学生参与管理方面，也要明确学生权力的范围和边界，避免学生权力滥用或不当干预学校正常管理。

2.责任界定的模糊性

与权力分配相关的是责任界定问题。在参与式管理模式下，由于多个主体参与决策和管理，当出现问题时，责任界定可能会变得模糊不清。例如，在一个由教师、学生和行政人员共同参与的教学改革项目中，如果项目出现失败或产生不良后果，很难确定是决策失误、执行不力还是其他原因导致的，也难以明确是哪个参与主体应该承担主要责任。

3.应对策略

建立科学的权力分配体系。学校应根据自身的发展战略和管理需求制定明确的权力分配制度。在学术事务管理中，明确学术委员会的学术决策权，行政部门的服务保障和有效的监督职能，确保学术自由和学校整体发展的平衡。对于学生参与管理，通过制定学生参与管理的章程和规定，明确学生的权力范围，如学生在教学质量评价、校园文化建设等方面的参与权和建议权。

清晰责任界定机制。在参与式管理过程中,对于每一项决策和管理项目,都要明确参与主体的责任和义务。可以通过签订责任协议、制订项目计划书等方式,详细规定每个参与主体在项目中的职责、工作内容、预期目标和考核标准。同时,建立责任追究制度,当出现问题时,根据责任界定机制,对相关责任主体进行问责。

第三节　服务型管理模式

一、服务型管理模式的本质特征与理论依据

(一)本质特征

1. 以服务为核心价值取向

服务型管理模式的本质是以服务师生为核心价值取向,将高校行政部门的角色从传统的管理者转变为服务者。在这种模式下,行政工作的出发点和落脚点都是为师生的教学、科研和生活提供优质、高效的服务。例如,在教学管理方面,行政部门不再是简单地制定规则和监督执行,而是积极为教师提供教学资源支持、教学方法培训等服务,帮助教师提高教学质量;对于学生,行政部门提供全面的学习生活指导、心理咨询、就业服务等,保障学生的健康成长和全面发展。

2. 需求导向的管理理念

服务型管理模式强调以师生的需求为导向开展管理工作。行政部门需要深入了解师生在教学、科研和生活中的实际需求,以此为依据来调整和优化管理工作。这就要求行政人员具备敏锐的洞察力和主动服务的意识。例如,通过定期的师生需求调查、座谈会、在线反馈等方式,了解教师在科研项目申报过程中遇到的困难,如对项目信息获取不及时、申报材料准备缺乏指导等问题,然后针对性地建立科研项目信息推送平台和申报辅导机制,满足教师的科研服务需求。对于学生而言,了解他们在学习过

程中的困难,如课程难度大、学习方法不当等,提供相应的学习辅导和学业咨询服务。

3.注重服务质量与体验

服务质量和体验是服务型管理模式关注的重点。行政部门要建立完善的服务质量评估体系,对各项服务工作进行定期评估。评估指标可以包括师生满意度、服务响应速度、服务效果等。例如,在图书馆服务中,评估指标可以包括图书借阅的便捷程度、图书馆环境的舒适度、工作人员的服务态度等。在后勤服务方面,可以考核校园设施维修的及时性、食堂饭菜质量和价格合理性等。通过持续改进服务质量,为师生提供更加优质、高效的服务,提升师生对学校行政管理的满意度。

(二)理论依据

1.新公共管理理论

新公共管理理论为服务型管理模式提供了重要的理论支持。该理论强调政府等公共部门应该借鉴企业管理的理念和方法,以顾客为导向,提高公共服务的质量和效率。在高校行政管理中,师生可以看作是"顾客",行政部门要以满足师生的需求为目标,运用企业化的管理手段,如绩效管理、目标管理等,来提升服务质量。例如,高校行政部门可以引入企业的客户关系管理系统,对师生的需求和反馈进行记录、分析和跟踪,及时调整服务策略,提高师生的满意度。

2.服务主导逻辑理论

服务主导逻辑理论认为,价值是由多个主体共同创造的,在价值创造过程中,服务是核心。在高校环境下,行政部门、教师、学生等主体通过相互之间的服务互动共同创造价值。行政部门为教师和学生提供服务,促进教学和科研工作的开展;教师通过教学服务为学生创造知识价值;学生在接受服务的同时,也可以通过参与学校活动、反馈意见等方式为学校的发展提供一定的价值。这种理论强调了服务在高校价值创造中的关键作用,为服务型管理模式的构建提供了理论依据。

二、服务型管理模式的实践路径与具体措施

(一)服务流程优化与再造

1.全面梳理与简化流程

对高校现有的行政管理流程进行全面梳理,找出其中烦琐的环节并进行简化。例如,在财务报销流程中,通过整合报销凭证种类,减少审批层级,利用信息化技术实现网上预约报销和电子发票审核等功能,减少教师和行政人员在报销过程中的排队等待时间和重复劳动。在学生事务办理方面,如学生证补办、学籍异动等业务,可以建立一站式服务大厅或线上服务平台,将原本分散在不同部门的相关业务集中整合,明确每个业务的办理流程和所需材料清单,并在显著位置公示。师生可以在一个地点或通过一个网络入口完成多项业务的办理,避免了在不同部门之间来回奔波,大大提高了服务效率。

2.流程的个性化设计

根据师生的不同需求和特点,设计个性化的服务流程。对于不同学科、不同层次的教师,在科研项目申报、职称评定、教学资源获取等方面提供针对性的服务流程。例如,对于理工科教师,在科研项目申报时,重点提供实验设备需求评估、科研经费预算指导等服务,因为理工科科研项目通常需要大量的实验设备和经费支持;对于文科教师,则更注重文献资料获取、研究方法咨询等方面的服务。对于学生,根据他们的专业、年级、特殊需求等情况,设计个性化的学习指导、生活服务和就业支持流程。如对于有创业意愿的学生,学校可以为其开辟创业项目申报、创业培训、创业资源对接等绿色通道,助力学生实现创业梦想。

(二)服务团队建设与发展

1.服务意识培育

建设服务型管理模式需要一支具有强烈服务意识的团队。高校行政部门要通过多种方式对行政人员进行服务意识的培育,可以开展专题培训,邀请服务管理领域的专家举办讲座,分享优秀的服务案例,分析服务

意识在日常工作中的体现和重要性。例如,通过案例分析,让行政人员了解在面对师生咨询时,如何以积极主动、耐心细致的态度提升师生的满意度。

同时,建立内部的服务文化宣传机制,利用校园网、宣传栏、内部刊物等渠道,宣传服务理念,表彰在服务工作中表现优秀的行政人员。还可以开展服务意识主题活动,如"服务之星"评选、服务质量月等,通过这些活动,让服务意识深入人心,使行政人员从内心认同自己的服务者角色,将为师生服务作为工作的核心价值。

2.专业能力提升

行政人员的专业能力是保障服务质量的关键。针对不同的行政业务领域,为行政人员提供持续的专业能力培训。在财务领域,行政人员需要不断学习新的财务法规、税收政策,掌握先进的财务管理软件操作技能,以便准确高效地处理财务事务,为师生提供准确的财务信息和便捷的报销等服务。

人事管理方面的行政人员要深入研究人力资源管理的新理论和实践方法,包括人才引进策略、教师职业生涯规划、绩效考核机制等,为学校的人才发展提供科学合理的建议和支持。教学管理行政人员则要熟悉教育教学理论和方法的新趋势,如在线教育、混合式教学等,以便更好地协助教师开展教学改革,优化课程设置和教学资源配置。通过这些有针对性的专业能力提升措施,确保行政人员在各个服务环节都能以专业的水平满足师生的需求。

3.团队协作与沟通能力培养

服务型管理模式下的行政工作往往需要多个部门和人员共同协作完成,因此团队协作与沟通能力至关重要。高校可以组织团队建设活动,增进不同部门行政人员之间的了解和信任,培养团队合作精神。例如,开展户外拓展训练、部门间的合作项目竞赛等活动,让行政人员在轻松愉快的氛围中学会如何与他人协作。

同时,加强沟通能力培训,包括口头沟通、书面沟通和跨部门沟通技巧。行政人员要学会清晰、准确地表达信息,避免因沟通不畅导致的服务问题。在跨部门沟通方面,要建立定期的信息共享会议、工作协调机制等,确保不同部门在处理涉及师生的复杂问题时能够高效沟通、协同工作。例如,当处理学生的转专业问题时,涉及教务处、学生处等多个部门,良好的沟通协作能力可以保证整个转专业流程顺利、快速地完成,减少学生的等待时间和不必要的困扰。

三、服务型管理模式在高校管理中的价值体现

(一)提升师生满意度与忠诚度

1.满足师生需求

服务型管理模式以师生需求为出发点,通过优化服务流程、提高服务质量等措施,能够有效满足师生在教学、科研和生活等方面的需求。例如,当教师在科研项目研究过程中遇到技术难题时,学校科研管理部门能够及时联系相关领域专家,为教师提供技术咨询服务;当学生在学习生活中遇到心理压力时,学校心理健康教育中心可以提供专业的心理咨询服务,帮助学生缓解压力。这种对师生需求的及时响应和满足,会让师生感受到学校的关怀和支持,从而提高他们对学校行政管理的满意度。

2.增强师生忠诚度

当师生在学校中持续获得优质的服务体验时,他们对学校的忠诚度会逐渐增强。对于教师而言,学校良好的服务环境会使其更愿意长期留在学校发展,积极投入教学和科研工作。他们会将自己的职业发展与学校的发展紧密联系在一起,积极为学校的发展出谋划策。对于学生来说,优质的服务会让他们对学校产生深厚的感情,不仅在学习期间积极参与学校活动,毕业后也更愿意关注和支持母校的发展,成为学校的积极宣传者和潜在的资源贡献者。

(二)促进教学科研质量提升

1.为教学工作提供有力支持

服务型管理模式为教学工作创造了良好的条件。在教学资源方面,

行政部门通过合理配置教室、实验室等教学设施,保障教学活动的正常开展。同时,积极建设网络教学平台、多媒体教学资源库等,为教师提供丰富的教学资源,方便教师开展多样化的教学活动,如线上线下混合式教学。在教学管理方面,行政部门为教师提供专业的教学指导和培训服务,帮助教师改进教学方法,提升教学技能。例如,组织教学方法研讨会、教学观摩活动等,让教师相互学习、共同提高。此外,及时收集和反馈学生的学习情况和对教学的意见,协助教师调整教学策略,提高教学质量。

2.助力科研创新发展

在科研工作中,服务型管理模式同样发挥着重要作用。科研管理部门积极为教师提供科研项目信息,拓宽科研项目申报渠道,增加教师参与科研的机会。例如,与国内外科研机构建立广泛的联系,及时获取最新的科研项目招标信息,并通过校内科研信息平台向教师推送。在科研经费管理方面,提供便捷的经费审批流程和合理的经费预算指导,确保科研经费的合理使用,提高经费使用效率。同时,为科研人员搭建科研合作平台,促进学科交叉融合和团队协作。例如,组织跨学科的科研团队,开展联合科研项目,激发科研创新活力,推动学校科研水平的提升。

(三)塑造良好校园文化与品牌形象

1.营造积极向上的校园文化

服务型管理模式所倡导的服务理念和行为会在校园内形成一种积极向上的文化氛围。在这种氛围下,行政人员以服务师生为宗旨,教师以学生为中心开展教学活动,学生之间相互关心、共同进步。这种文化氛围会促进校园和谐人际关系,增强学校的凝聚力。例如,当行政部门积极为师生解决问题时,会传递出一种积极主动、关爱他人的价值观,这种价值观会在校园内传播和传承,影响师生的行为和思想。

2.提升学校品牌形象

优质的服务是学校品牌形象的重要组成部分。当学校能够为师生提供高质量的行政管理服务时,会在社会上形成良好的口碑。家长在为孩子选择学校时,会考虑学校的管理服务质量;社会各界在评价高校时,也会将行政管理服务水平作为一个重要因素。良好的品牌形象有助于学校吸引优质生源、优秀教师和更多的社会资源，进一步提升学校的综合竞争力，促进学校的可持续发展。

四、服务型管理模式实施过程中的挑战与应对策略

(一)传统管理观念转变困难

1.观念转变的障碍分析

在实施服务型管理模式的过程中，最大的挑战之一是传统管理观念的转变。长期以来，部分行政人员习惯了以管理者自居，将师生视为被管理的对象。这种传统观念导致部分行政人员在工作中缺乏服务意识，更关注自身的权力和地位，而忽视师生的需求。同时，行政部门内部的层级观念也可能阻碍服务型管理模式的实施，信息在层级间传递不畅，基层的服务需求无法及时反馈到决策层，影响服务质量的改进。

2.观念转变的促进策略

为了促进传统管理观念的转变，高校需要加强思想教育和文化建设。通过开展系列培训和研讨活动，向行政人员讲解服务型管理模式的内涵、意义和实施方法，让他们认识到服务师生的重要性。例如，可以邀请教育管理领域的专家学者进行专题讲座，组织行政人员到服务型管理模式实施成功的高校参观学习，通过对比和学习，触动行政人员的思想。同时，学校领导要以身作则，在日常工作中践行服务理念，关心师生需求，积极参与服务改进工作，为行政人员树立榜样。在行政部门内部建立以服务质量为核心的考核评价机制，将师生满意度作为重要的考核指标，促使行政人员转变观念，积极投入服务型管理工作之中。

(二)服务需求的多样性与动态性应对

1.需求多样性与动态性的特点

高校师生的服务需求具有显著的多样性和动态性。不同学科、不同年龄、不同层次的师生在教学、科研和生活方面的需求各不相同。例如，理工科教师可能对科研实验设备和场地的需求较大，文科教师则更关注

文献资料数据库的建设；本科生可能更需要学习指导和社团活动支持，研究生则对科研项目和学术交流机会有更高的要求。而且，随着时代的发展和教育环境的变化，师生的需求也在不断变化。新的教学方法、科研技术的出现，以及社会观念的转变都会引发师生新的服务需求。例如，随着在线教育的发展，教师和学生对网络教学平台的功能和稳定性提出了更高的要求；随着学生心理健康问题的日益凸显，对心理健康服务的需求也在增加。

2.应对策略

为了应对服务需求的多样性和动态性，高校行政部门需要建立灵活的服务机制。首先，加强对师生需求的调查和分析，定期开展师生需求调研活动，通过问卷调查、访谈、焦点小组等方式，全面了解师生的需求变化情况。同时，利用大数据技术对师生在校园内的行为数据进行分析，如学生在图书馆的借阅记录、教师在科研数据库的使用情况等，挖掘潜在的需求信息。其次，根据需求变化及时调整服务内容和方式。例如，根据教师科研需求的变化，及时更新科研设备，拓展科研数据库资源；针对学生心理健康需求的增加，加强心理健康教育师资队伍建设，完善心理咨询服务体系。此外，建立快速响应机制，对于师生提出的新需求和突发问题，能够迅速做出反应，及时提供相应的服务。

(三)资源有限性与服务期望矛盾的解决

1.矛盾表现

高校在实施服务型管理模式时，面临着资源有限性与师生高服务期望之间的矛盾。学校的资源包括人力、物力和财力等方面，总是有限的。然而，师生对服务质量的期望却在不断提高。例如，师生希望学校能够提供更加舒适、便捷的学习和生活环境，但学校可能由于资金限制无法及时更新和改善校园设施；教师希望行政部门能够为科研项目提供更充足的经费支持，但学校的经费分配需要综合考虑多个方面，可能无法完全满足教师的需求。这种矛盾如果得不到妥善解决，会导致师生对学校行政管理服务的不满，影响服务型管理模式的实施效果。

2.解决策略

为了解决资源有限性与服务期望的矛盾,高校需要做好资源的优化配置和合理利用。首先,对学校的资源进行全面评估,明确资源的现状和潜力。通过成本-效益分析等方法,确定资源投入的重点领域和项目。例如,在校园设施建设方面,可以根据师生的使用频率和需求的迫切程度,优先改善图书馆、实验室等关键教学科研设施。其次,积极拓展资源渠道。加强与政府、企业、校友等外部资源主体的合作,争取更多的资金、设备、技术等资源支持。例如,与企业合作建立实习基地、科研合作平台,企业可以为学校提供资金和设备支持,学校为企业输送人才和科研成果;发动校友捐赠,用于改善学校的教学设施或设立奖学金等。此外,通过提高资源利用效率来缓解资源紧张的局面。例如,利用信息化技术实现资源的共享和优化配置,提高教室、实验室等设施的利用率,避免资源的闲置和浪费。

(四)服务评价与持续改进的协调难题

1.评价体系构建的复杂性

构建科学合理的服务评价体系是服务型管理模式持续改进的关键,但这一过程面临诸多复杂因素。

一方面,服务评价指标难以全面准确设定。高校行政管理服务涵盖面广,包括教学管理服务、科研管理服务、后勤服务、学生事务服务等多个维度,每个维度又包含众多细分内容。例如,教学管理服务评价既涉及课程安排的合理性、教学资源的充足性,又包括对教师教学质量监控的有效性等;后勤服务评价则需考虑校园环境清洁度、餐饮质量、宿舍设施维护情况等。不同服务内容的性质和特点差异大,很难用统一标准衡量。

另一方面,评价主体的多样性也增加了评价体系构建的难度。评价主体包括教师、学生、行政人员自身以及可能的外部利益相关者,不同主体对服务质量的感知和评价标准存在差异。教师可能更关注科研支持和教学资源获取的便利性,学生则侧重于学习生活体验和学业指导服务,行政人员对内部流程效率和协作顺畅度有自己的考量。而且,不同主体的评价可能受到主观因素的影响,如师生对行政服务的评价可能因某次个别不愉快的经历而产生偏差,导致评价结果不够客观准确。

2.持续改进面临的挑战

即便建立了服务评价体系,依据评价结果进行持续改进也存在不少挑战。首先,对评价结果的分析和解读需要专业能力和经验。评价结果可能是复杂多样的,有些问题可能表面上是服务执行环节的问题,但深层次的可能涉及管理体制、资源配置等因素。例如,学生反映某课程教学资源不足,可能不仅是资源采购问题,还可能与课程规划不合理,部门间协调不畅有关。准确剖析问题根源是改进的前提,但这对行政管理人员的能力提出了较高要求。

其次,实施改进措施可能面临多重阻碍。行政部门内部可能存在对变革的抵触情绪,习惯了旧有工作方式的人员可能不愿意接受新的改进方案。同时,改进过程可能涉及资源重新分配、流程重新设计等复杂工作,需要协调多个部门和利益相关者,这在实际操作中难度较大。而且,改进效果的显现往往需要一定时间,在这个过程中如果遇到新的问题或者师生对改进速度不满意,可能会影响持续改进的动力和信心。

3.协调策略

为协调服务评价与持续改进的关系,高校可采取以下策略。

一是建立多元化、分层级的服务评价体系。针对不同的服务内容和评价主体,设计不同的评价指标和权重。例如,对于教学管理服务,教师评价可侧重于教学资源支持和教学自主权保障方面,学生评价重点放在课程安排和学业指导上,同时设置一定权重给外部专家评价,从专业教育视角评估教学管理质量。通过综合多元评价,使结果更全面客观。对于复杂的评价指标,可以进一步分层细化,如将后勤服务评价分为餐饮服务、宿舍服务、校园设施维护等子项,每个子项再设定具体指标。

二是加强对评价结果的分析和应用能力。组织专业团队或引入外部咨询机构对评价结果进行深入分析,挖掘问题背后的根本原因。同时,将评价结果与行政管理人员的绩效挂钩,激励他们重视并积极参与改进工作。在制订改进方案时,充分考虑各方面因素,分阶段、有步骤地实施改进措施,优先解决师生反映强烈且对服务质量影响较大的问题。建立改进效果跟踪机制,定期向师生反馈改进进展,增强师生对持续改进的信心和支持。

(五)跨部门服务协同的困难与突破

1.协同困难的表现形式

服务型管理模式下,跨部门服务协同是保障服务质量的重要环节,但在实际操作中存在诸多困难。首先是目标不一致问题。不同行政部门有其自身的工作目标和重点,这些目标在某些情况下可能与跨部门协同服务的目标产生冲突。例如,教务处的主要目标是保障教学质量和教学秩序,可能更关注课程安排和教学资源分配;而后勤处的重点是校园设施的维护和管理,保障师生的生活环境。当涉及教室设施改善以满足教学特殊需求时,两个部门的目标侧重点不同可能导致协调困难,教务处希望优先满足教学功能需求,后勤处则可能考虑成本和整体设施维护计划。

其次,信息不共享和沟通不畅是跨部门协同的常见问题。各部门在日常工作中往往各自为政,信息系统相互独立,形成信息孤岛。例如,学生处掌握学生的学籍信息和思想动态,但在处理学生因心理问题影响学业的情况时,如果不能及时与教务处共享信息,教务处可能无法做出相应的教学调整,影响对学生的服务质量。而且,部门间沟通方式和渠道有限,缺乏及时有效的沟通机制,容易导致工作被延误。

此外,工作衔接不畅也严重影响跨部门服务协同。由于不同部门的工作流程和标准不同,在涉及跨部门业务时,容易出现工作脱节现象。比如在组织大型校园活动时,需要保卫处、后勤处、学生处等多个部门协同工作,保卫处负责安全保卫方案的制定,后勤处负责场地布置和物资供应,学生处组织学生参与。如果各部门在活动筹备过程中没有明确的工作衔接流程和责任人,可能会出现场地布置不符合安全要求、物资供应不及时等问题。

2.突破策略

为突破跨部门服务协同的困难,高校可从以下几个方面入手。

一是建立共同目标导向的协同机制。高校应从学校整体发展战略出发,明确跨部门服务协同的总目标,并将其分解为各个部门在协同服务中的子目标,确保部门目标与协同目标的一致性。例如,在提高学生综合素质这一总目标下,教务处、学生处、团委等部门分别围绕课程体系改革、学生实践活动组织、社团建设等方面制定具体的子目标,并明确各部门在实现总目标中的责任和协作关系。同时,建立跨部门目标考核机制,将部门协同服务绩效纳入考核内容,激励部门积极参与协同工作。

二是加强信息共享平台建设和沟通机制优化。整合学校各部门的信息系统,建立统一的跨部门信息共享平台,实现数据的互联互通。例如,将学生管理系统、教学管理系统、财务系统、后勤管理系统等集成到一个平台上,各部门可以在授权范围内获取和更新相关信息。同时,完善沟通机制,建立定期的跨部门工作会议、信息通报制度,以及针对突发问题的紧急沟通渠道。例如,每周召开一次跨部门协调会,各部门汇报工作进展和问题,共同商讨解决方案;当遇到紧急情况,如校园突发安全事件时,可通过应急指挥中心迅速召集相关部门,实现信息的快速传递和协同应对。

三是优化跨部门工作流程和衔接机制。对涉及跨部门服务的业务流程进行全面梳理和优化,明确各部门在每个环节的工作内容、交接标准和责任人。例如,在学生转专业这一跨部门业务中,详细规定教务处、学生处、转出和转入学院在审核学生资格、办理学籍异动、调整课程安排等各个环节的具体工作和交接要求,制作清晰的工作流程图,并向师生公开。同时,建立跨部门工作团队或项目小组,针对特定的跨部门服务任务,打破部门界限,由相关部门人员组成团队共同完成任务,提高工作衔接的紧密性和效率。

通过以上对服务型管理模式实施过程中挑战的分析和应对策略的探讨,高校可以更好地应对困难,推动服务型管理模式的有效实施,为师生提供更加优质、高效的行政管理服务,促进学校的健康发展。同时,随着时代的发展和教育环境的变化,高校还需不断审视和调整这些策略,以适应新的需求和挑战。

第六章　高校行政管理创新策略

创新是高校发展的根本动力,也是提升高校社会影响力的重要保证。因此,在高校行政管理工作中,应充分认识到创新的重要性,并采取有效的策略积极进行行政管理工作的创新,从而有效提高高校行政管理的质量,推动高校良好发展。

第一节　高校行政管理理念的创新策略

一、从传统管理向战略管理理念转变

(一)树立长远战略眼光

在高等教育竞争日益激烈的今天,高校行政管理必须从传统的事务性管理思维中跳脱出来,树立长远的战略眼光。高校不仅是知识传授的场所,更是需要在全球教育版图中找准自身定位的复杂组织。行政管理人员要关注国际国内高等教育发展趋势,如新兴学科的崛起、教育技术的革新以及全球人才流动的新特点。

例如,随着人工智能、大数据等领域的快速发展,高校应提前规划相关学科和专业的建设,不仅是开设课程,还要考虑师资引进、实验室建设、与企业界的产学研合作等多方面因素。这需要行政部门与学术部门紧密合作,共同分析未来几年甚至几十年这些领域的人才需求和科研方向,制定具有前瞻性的发展战略,使学校在新兴领域占据先机。

(二)战略规划与执行的协同

战略管理理念强调规划与执行的协同统一。高校行政管理部门要在制订战略规划后,确保其有效执行。这涉及将战略目标细化为具体的行动计划和项目,并明确责任部门和时间节点。

以提升学校国际影响力为例,战略规划可能包括增加国际学生比例、开展国际合作科研项目、提升教师国际学术交流频率等内容。行政管理部门需要将这些目标分解,比如国际学生招生部门负责制订吸引国际学生的具体方案,包括宣传渠道、奖学金设置、入学流程优化等;科研管理部门要积极与国外高校和科研机构建立联系,搭建国际合作科研平台,制定合作项目申报和管理流程;教师发展部门则要为教师参与国际学术交流提供支持,如语言培训、经费资助和交流机会推荐等。同时,建立战略执行的监督和评估机制,定期检查各部门的工作进展,根据实际情况调整战略执行计划,确保战略目标的逐步实现。

二、以用户体验为核心的服务理念创新

(一)理解用户体验的内涵

高校行政管理中的"用户"主要是教师、学生以及其他与学校有业务往来的人员,以用户体验为核心的服务理念要求行政管理人员从用户的角度去理解和感受学校的管理服务。这意味着要关注用户在与学校行政部门交互过程中的每一个环节,包括信息获取的便捷性、办事流程的简易程度、服务态度的友好与否等。

例如,对于学生来说,从入学注册、选课、成绩查询到毕业手续办理,每一个环节都应该是清晰、便捷且人性化的。如果学生在选课过程中因为系统复杂、信息不明确而感到困惑,或者在办理毕业手续时需要在多个部门之间来回奔波,这都表明用户体验不佳。行政部门需要通过用户调研、流程测试等方式,深入了解用户在这些过程中的痛点和需求,从而改进服务。

(二)提升用户体验的策略

1.个性化服务定制

根据不同用户群体的特点和需求,提供个性化的服务。对于教师,可以根据学科、职称、研究方向等因素,为其定制科研支持服务。比如,为理

工科教师提供先进实验设备的优先使用权限和技术维护服务,为文科教师提供丰富的文献数据库资源和学术出版指导。对于学生,可以依据专业、年级、兴趣爱好等,提供个性化的学习和生活建议。如为大一新生提供适应大学生活的指南和基础课程学习建议,为即将毕业的学生提供就业指导、考研辅导或留学咨询等个性化服务。

2.全流程优化与整合

对涉及用户的行政管理流程进行全流程优化和整合。以科研项目管理为例,从项目申报、立项、实施到结题,要打破部门之间的壁垒,实现一站式服务。行政部门可以建立一个统一的科研项目管理平台,教师在平台上可以完成项目申报材料的提交、进度报告、经费使用情况查询等所有相关操作,无须在科研处、财务处等不同部门之间反复沟通和提交材料。同时,平台可以实时推送项目相关的通知和提醒,如申报截止日期、经费使用预警等,减少教师的时间和精力消耗,提升用户体验。

三、从封闭管理向开放合作理念转型

(一)拓展外部合作边界

高校行政管理应打破传统的封闭模式,积极拓展与外部机构的合作边界,这包括与其他高校、科研机构、企业、政府部门以及国际组织等建立广泛而深入的合作关系。

与其他高校开展合作可以实现资源共享和优势互补。例如,通过建立高校联盟,实现课程互选、学分互认、教师互聘等。学生可以在联盟内的不同高校选修特色课程,拓宽知识面和视野;教师可以在不同高校进行短期授课和学术交流,促进学科融合和教学方法创新。与科研机构合作,可以联合开展前沿科研项目,共享科研设施和数据资源。企业则是高校实现产学研结合的重要伙伴,高校可以与企业共同建立实验室、研发中心,企业为高校提供实践基地、实习岗位和科研经费,高校为企业输送具有创新能力和实践技能的人才。政府部门可以为高校提供政策支持、资金资助和项目引导,高校则为政府的决策咨询、社会服务等方面发挥作用。此外,积极参与国际组织的活动,开展国际教育合作项目,提升学校的国际知名度和影响力。

(二)构建开放合作的管理机制

为了有效推进开放合作,高校需要构建相应的管理机制。在合作项目管理方面,建立专门的合作项目管理办公室,负责统筹协调各类合作项目的策划、申报、实施和评估。制定统一的合作项目管理流程和规范,明确各方的权利和义务、经费分配和使用原则、知识产权归属等内容。

在信息共享方面,建立开放合作信息平台,及时发布学校的合作需求、合作项目进展情况、合作伙伴信息等内容。同时,通过这个平台可以促进学校内部不同部门之间以及与外部合作伙伴之间的信息交流和沟通。在人员流动管理方面,对于参与外部合作的教师和学生,制定相应的管理办法,如教师参与企业挂职锻炼或国际交流期间的教学任务调整、考核方式,学生在国际交流、实习期间的学籍管理、学分认定等,确保人员流动的有序性和规范性,保障开放合作的顺利开展。

四、数据驱动与智慧决策理念的引入

(一)数据意识的培养与数据文化建设

在高校行政管理中,要培养行政管理人员的数据意识,将数据视为重要的管理资源,包括理解数据在决策、评估、规划等管理环节中的价值,以及掌握基本的数据收集、整理和分析方法。

首先,通过培训、讲座等形式,向行政管理人员普及数据知识,如数据类型(结构化数据、非结构化数据)、数据来源(教学管理系统、学生管理系统、校园卡消费数据、网络行为数据等)以及如何从这些数据中提取有价值的信息。同时,在高校内部营造数据文化氛围,鼓励行政管理人员在日常工作中关注数据、使用数据。例如,在制订部门工作计划时,要求以数据为依据,分析过去的工作情况和存在的问题;在汇报工作时,不仅要有定性的描述,还要有定量的数据支持。通过这种方式,让数据意识深入人心,成为行政管理文化的一部分。

（二）智慧决策支持系统的构建

构建基于大数据和人工智能技术的智慧决策支持系统是实现数据驱动决策的关键。这个系统应整合高校各个领域的数据，包括教学、科研、学生管理、财务、后勤等，形成一个全面的数据仓库。

利用数据分析技术，如数据挖掘、机器学习算法等，对数据仓库中的数据进行分析。例如，通过对学生成绩数据、课程选择数据、学习行为数据（如在线学习平台的登录次数、学习时长等）的分析，可以预测学生的学习困难和潜在的学业风险，为教学管理部门提前采取干预措施提供依据。在科研管理方面，可以通过分析教师的科研成果发表情况、科研项目申报与中标情况、科研合作网络等数据，评估教师的科研能力和潜力，为科研资源分配、学科团队建设等决策提供支持。同时，利用人工智能技术，如自然语言处理，可以对师生的意见和建议（如在线论坛、校长信箱中的文本内容）进行自动分析和分类，及时了解师生的需求和关注点，辅助行政决策。

第二节　高校行政管理环境的优化策略

一、优化校内行政组织架构

（一）组织扁平化改革

传统的高校行政组织架构往往层级较多，信息传递效率低下，实施组织扁平化改革可以有效解决这些问题。通过减少中间层级，使信息能够更快速地在行政部门和师生之间传递，同时能够增强行政部门的灵活性和响应速度。

例如，可以将一些职能重叠或相近的中层部门进行合并，减少不必要的管理层级。在学院层面，可以赋予学院更多的自主权，让学院在教学、科研和学生管理等方面有更大的决策权，行政部门则更多地起到宏观指导和协调的作用。这样，学校的行政决策可以更快地传达和实施，基层的问题和建议也能更及时地反馈到决策层,提高行政管理效率。同时,扁平化的组织架构有利于促进不同部门之间的沟通与协作,打破部门壁垒,形成更加紧密的工作团队。

(二)构建矩阵式组织模式

在优化校内行政组织架构时,可以引入矩阵式组织模式。矩阵式组织是一种将职能部门和项目团队相结合的组织形式,它既保留了职能部门的专业性和稳定性,又能根据特定项目或任务灵活程度组建跨部门团队。

在高校中,可以针对一些重大的教学改革项目、科研创新项目或校园建设项目等采用矩阵式组织模式。例如,在实施一项全校性的课程思政教学改革项目时,由教务处牵头,从各个学院抽调相关的教学专家、思政教师和行政管理人员组成项目团队。这些成员在原有的职能部门基础上,根据项目的需要开展工作,既向原部门汇报工作,也向项目负责人汇报。这样可以充分发挥不同部门人员的专业优势,促进学科交叉和资源整合,提高项目的实施效果。同时,矩阵式组织模式可以培养行政人员和教师的团队合作精神和跨部门沟通能力,为高校的创新发展提供有力的组织保障。

二、营造积极向上的校园文化环境

(一)培育创新文化

创新是高校发展的核心动力,营造创新文化是优化行政管理环境的重要内容,高校应鼓励师生在教学、科研和管理等各个领域积极创新。

在教学方面,鼓励教师尝试新的教学方法,如基于项目的学习、问题导向学习、翻转课堂等。学校可以设立教学创新基金,对开展新教学模式探索的教师给予经费支持,并组织教学观摩和经验分享活动,推广优秀的教学创新案例。在科研方面,营造宽松的科研氛围,鼓励教师和学生提出新的研究思路和方法,对科研创新成果给予重奖。同时,建立科研容错机制,对于在科研探索过程中遭遇失败的团队或个人,给予理解和支持,鼓励他们从失败中吸取经验教训,继续前行。在行政管理方面,也应倡导创新,鼓励行政人员提出新的管理思路和方法,提高管理效率和服务质量。例如,通过创新的信息化管理手段,优化办事流程,提升师生满意度。

(二)塑造协作文化

高校是一个复杂的系统,需要各个部门、师生之间的密切协作才能良好运行,塑造协作文化可以增强学校的凝聚力和战斗力。

通过组织各种团队建设活动、跨部门合作项目等方式,促进行政人员之间、师生之间以及行政与师生之间的协作。例如,举办校园文化节、运动会等大型活动,需要全校各个部门和师生的共同参与。在活动筹备和实施过程中,不同部门和人员分工合作,形成良好的协作氛围。同时,在教学科研活动中,也强调协作的重要性。如鼓励教师开展跨学科合作研究,建立跨学科研究中心或实验室,促进学科交叉融合;在课程教学中,可以采用小组学习、团队作业等方式,培养学生的协作能力。此外,建立协作激励机制,对在协作过程中表现突出的团队和个人给予表彰和奖励,进一步强化协作文化。

三、改善校园信息化建设环境

(一)升级与整合信息系统

目前,高校通常拥有多个信息系统,如教学管理系统、学生管理系统、财务系统、科研管理系统等,但这些系统可能存在功能不完善、兼容性差、数据不共享等问题,影响了行政管理效率。因此,需要对现有信息系统进行升级和整合。

对各个信息系统进行功能升级,使其更加符合高校当前的管理需求。例如,在教学管理系统中增加智能化的课程推荐功能,根据学生的专业、成绩、兴趣爱好等因素,为学生推荐适合的选修课程;在财务系统中,完善预算管理模块,实现精细化的经费预算编制、执行和监控功能。同时,对信息系统进行整合,建立统一的数据标准和接口,实现数据的互联互通。可以采用数据中台的技术架构,将各个系统的数据集中到数据中台,进行统一管理和处理。这样,行政管理人员在处理相关事务时,可以从数据中台中获取全面、准确的数据,避免了在多个系统中重复查询和录入数据的麻烦,提高了工作效率。

(二)加强信息安全防护

随着高校信息化程度的提高,信息安全问题日益突出,因此加强信息安全防护是保障校园信息化建设环境的关键。

首先,完善信息安全管理制度,明确信息安全责任。制定信息系统的访问权限管理规定、数据备份与恢复策略、网络安全应急预案等。例如,对不同级别的行政管理人员和师生设置不同的信息系统访问权限,确保信息的保密性和安全性;定期对重要数据进行备份,并在发生数据丢失或损坏时能够及时恢复。其次,加强技术防护措施。部署防火墙、入侵检测系统、防病毒软件等网络安全设备,防止外部网络攻击。同时,采用加密技术对敏感数据进行加密存储和传输,如师生的个人信息、财务数据、科研成果等,防止数据泄露。此外,加强对师生的信息安全教育,提高他们的信息安全意识和防范能力,如开展信息安全培训讲座、网络安全宣传周等活动,让师生了解常见的信息安全威胁和防范方法。

四、优化高校与外部环境的关系

(一)加强与政府部门的沟通与合作

政府部门在高等教育发展中扮演着重要角色,高校应加强与政府部门的沟通与合作,争取更多的政策支持和资源投入。

高校行政管理部门要密切关注国家和地方政府的教育政策动态,主动参与政策制定过程。例如,积极向政府部门反馈高校在发展过程中遇到的问题和需求,为教育政策的调整和完善提供参考。同时,根据政府的政策导向,调整学校的发展战略和行政管理策略。在资源获取方面,积极争取政府的财政拨款、专项基金、科研项目等资源。与教育主管部门、科技部门、财政部门等建立良好的合作关系,及时了解各类资源的申请条件和程序,提高资源获取的成功率。此外,积极响应政府的号召,承担社会责任,如参与地方经济建设、社会服务项目等,为政府解决实际问题,提高学校在政府部门中的形象和地位,进一步巩固合作关系。

(二)深化与企业界的合作关系

企业是高校产学研合作的重要伙伴,深化与企业界的合作关系对于高校的发展具有重要意义。

高校可以与企业开展多种形式的合作,如共建实验室、实习基地、研发中心等。通过共建实验室,企业可以为高校提供先进的实验设备和技术支持,高校则为企业培养相关领域的专业人才,并开展前沿性的科研项目。建立实习基地可以为学生提供实践锻炼的机会,让他们在实际工作环境中了解企业的需求和行业动态,提高实践能力和就业竞争力。研发中心则是高校和企业开展技术创新的重要平台,双方可以围绕企业的技术需求和市场热点,开展联合研发项目,加速科研成果的转化和应用。同时,高校可以邀请企业高管和技术专家担任兼职教授或导师,参与学校的教学和人才培养工作;企业也可以为学校提供奖学金、助学金等,支持学生的学习和发展,形成互利共赢的良好局面。

(三)拓展国际合作空间

在全球化背景下,高校应积极拓展国际合作空间,提升国际影响力和竞争力。

加强与国外高校的国际交流与合作,开展学生交换项目、联合培养项目、教师互访项目等。通过学生交换项目,学生可以到国外高校学习一段时间,体验不同的教育文化和教学方法,拓宽国际视野;联合培养项目则可以为学生颁发双方高校的学位证书,提高学生的学历含金量和国际认可度。教师互访项目有利于促进教师之间的学术交流和教学方法借鉴,提高教师的国际化水平。此外,积极参与国际科研合作项目,与国外科研机构共同开展前沿科研课题研究,提升学校的科研实力和国际声誉。同时,加强与国际教育组织、国际行业协会等的联系与合作,积极参与国际教育标准制定、国际学术会议等活动,在国际教育舞台上展示学校的特色和优势,吸引更多的国际资源和优秀人才。

五、打造绿色可持续的校园物理环境

(一)校园绿色规划与建设

1.生态校园布局

在校园规划中融入生态理念,打造绿色可持续发展的校园布局。合理规划校园内的绿化空间,将绿地、树林、花园等自然元素与教学区、生活区、行政区有机结合。例如,在教学楼周围设置小型花园和绿地,不仅能美化环境,还能起到降低噪声、净化空气的作用,为师生创造舒适的学习和工作环境。同时,规划校园水系,如建设人工湖、溪流等,利用水景调节校园小气候,增加空气湿度,减少热岛效应。水系周边可以种植水生植物,形成生态湿地,为鸟类等生物提供栖息地,丰富校园生物多样性。

2.绿色建筑设计与应用

推广绿色建筑在校园中的应用,从建筑的设计、材料选择到施工过程都遵循可持续发展原则。在设计阶段,考虑建筑的朝向和布局,充分利用自然采光和通风,减少对人工照明和空调系统的依赖。例如,教学楼和图书馆的设计可以采用大面积的窗户和中庭设计,让阳光能够充分照入室内,同时设置通风井和可开启的窗户,实现自然通风。在建筑材料选择方面,优先使用环保、可再生、可回收的材料,如使用竹材、木材等可再生材料替代部分钢材和混凝土,减少建筑材料生产过程中的碳排放。在施工过程中,加强对施工废弃物的管理和回收利用,减少对环境的污染。

(二)资源节约与循环利用

1.能源管理与节能措施

建立完善的校园能源管理系统,对水、电、气等能源的使用进行实时监测和分析。通过安装智能电表、水表等设备,收集能源消耗数据,找出能源浪费的环节和区域,并采取相应的节能措施。例如,在校园公共区域安装感应式照明系统和自动水龙头,根据人员的活动情况自动控制照明和水的供应,避免能源的浪费。对校园内的供暖、制冷系统进行节能改造,采用地源热泵、太阳能光热等可再生能源技术,降低对传统能源的依赖。同时,开展节能宣传教育活动,提高师生的节能意识,鼓励师生养成随手关灯、关水龙头等良好习惯。

2.资源循环利用体系

构建校园资源循环利用体系,对校园内的废弃物进行分类回收和再利用。在校园内设置多个垃圾分类投放点,引导师生将垃圾分为可回收物、有害垃圾、厨余垃圾和其他垃圾等不同类型。对于可回收物,如纸张、塑料瓶、金属等,建立专门的回收渠道,将其回收后进行再加工利用。同时,探索校园废弃物的创新利用方式,如将园林修剪下来的树枝、树叶等进行堆肥处理,制成有机肥料用于校园绿化;将废弃的家具、设备等进行翻新或拆解,提取有用的零部件进行再利用,减少资源浪费,实现校园资源的可持续利用。

六、完善高校行政管理的制度环境

(一)建立动态灵活的制度更新机制

1.制度评估与反馈

建立定期的制度评估机制,对高校行政管理的各项制度进行全面评估。评估内容包括制度的合理性、有效性、适应性等方面。通过收集师生、行政人员等多方面的反馈意见,了解制度在实际执行过程中存在的问题。例如,可以通过问卷调查、师生座谈会、行政人员工作汇报等方式,收集对教学管理制度、科研管理制度、财务管理制度等的意见和建议。对反馈的问题进行分类整理和深入分析,找出制度与实际需求不匹配的地方,如某些制度规定限制了师生的创新和发展;或者某些制度在新的教育形势下已经过时,无法满足学校的管理需求。

2.根据变化及时调整

根据制度评估的结果和学校内外部环境的变化,及时对行政管理制度进行调整和更新。在教育政策调整、学科发展新趋势、师生需求变化等情况下,迅速做出反应。例如,当国家出台新的教育评价政策时,高校应及时修订教学质量评价制度、教师绩效考核制度等相关内容,确保学校的管理与国家政策保持一致。对于学科发展的新需求,如新兴学科的出现和交叉学科的发展,调整学科建设制度、科研资源分配制度等,以适应学科创新发展的需要。同时,在调整制度过程中,充分征求师生和行政人员的意见,确保新制度的科学性和可操作性。

(二)强化制度的公平性与透明度

1.公平公正原则

在制度设计和执行过程中,始终坚持公平公正原则。无论是在人员招聘、职称评定、资源分配还是学生管理等方面,确保制度对所有师生一视同仁。例如,在教师职称评定制度中,明确规定评定的标准和条件,包括教学工作量、教学质量、科研成果、社会服务等方面的量化指标,避免人为因素的干扰。在学生奖学金评定、评优评先等制度中,制定公开透明的评选标准和程序,根据学生的学业成绩、综合素质、社会实践等方面进行综合评价,保证评选结果的公平性。同时,建立监督机制,对制度执行过程进行监督,防止出现不公平现象,如设立举报信箱、举报电话等,接受师生的监督。

2.信息公开透明

提高制度的透明度,将行政管理的各项制度、政策、办事流程等信息向师生全面公开。利用校园网、公告栏、校内文件等多种形式,及时发布和更新信息。例如,在财务管理制度方面,公开学校的经费预算、财务报表、经费使用情况等信息,让师生了解学校的财务状况和经费使用方向;在教学管理方面,公开课程设置、教学大纲、考试安排、成绩评定等信息,让学生清楚教学要求和流程。对于涉及师生重大利益的事项,如重大项目招标、人员招聘结果等进行公示,接受师生的监督和质疑,确保行政管理过程的公开透明。

(三)加强制度的执行与监督力度

1.明确执行责任

明确行政管理制度执行的责任主体和责任人,确保制度能够得到有效执行。对于每一项制度,规定具体的执行部门和人员,并明确其职责范围。例如,教学管理制度由教务处负责执行,教务处要明确每个工作人员在课程管理、教学质量监控、学生学籍管理等方面的具体责任;科研管理制度由科研处执行,科研处工作人员要做好科研项目申报、立项、中期检查、结题等各个环节的工作。同时,建立责任追究制度,对于在制度执行过程中出现的违规操作等行为,追究相关责任人的责任,保证制度执行的严肃性。

2.多元监督体系

建立多元化的监督体系,对制度执行情况进行全方位监督。内部监督包括学校领导的监督、行政部门之间的相互监督、师生的监督等。学校领导要定期检查各项制度的执行情况,发现问题及时督促整改;行政部门之间可以通过工作交叉检查等方式,互相监督,避免出现管理漏洞;师生可以对行政部门的工作和制度执行情况进行监督,如对行政人员的服务态度、办事效率、制度执行的公平性等方面提出意见和建议。外部监督可以引入社会监督力量,如家长、校友、社会媒体等,通过他们的反馈,及时发现学校行政管理中存在的问题,进一步完善制度执行和监督机制,提高高校行政管理水平。

七、构建以人才发展为导向的人力资源环境

(一)人才引进的优化策略

1.精准定位人才需求

高校应根据自身的发展战略和学科建设规划,精准定位人才引进的需求。对学校的学科优势和劣势进行深入分析,明确各个学科领域在未来一段时间内的发展方向和重点突破领域,从而确定所需人才的类型、层次和专业方向。例如,如果学校计划加强工科领域的发展,重点发展人工智能、新能源等新兴学科方向,那么在人才引进时,就要重点关注这些领域具有前沿研究成果、实践经验丰富的高层次人才,如具有海外知名高校或科研机构背景的教授、研究员,以及在相关企业有丰富研发经验的工程师等。同时,考虑到学科交叉融合的发展趋势,引进具有跨学科背景的复

合型人才,促进学科之间的相互渗透和创新发展。

2.创新人才引进方式

在人才引进过程中,创新人才引进方式,拓宽人才引进渠道。除了传统的招聘网站、高校人才网等渠道外,积极利用社交媒体、专业学术论坛、国际学术会议等平台,发布人才招聘信息,吸引潜在人才。例如,在国际学术会议上设立学校人才招聘展位,展示学校的学科优势、科研平台和发展前景,与参会的优秀学者进行面对面交流,了解他们的研究兴趣和职业发展规划,吸引他们加盟。此外,开展人才推荐计划,鼓励学校内部师生、校友推荐优秀人才,对于成功推荐的人员给予一定的奖励。建立人才"柔性引进"机制,对于一些国内外知名专家、学者,由于各种原因不能全职来校工作的,可以通过兼职、客座教授、短期讲学、合作研究等方式,让他们为学校的发展发挥作用,实现人才资源的共享。

(二)人才培养与发展支持

1.个性化的人才培养计划

为高校教师和行政人员制订个性化的人才培养计划,满足不同人员的发展需求。对于教师,根据其学科背景、教学水平、科研能力等因素,制订包括教学能力提升、科研能力发展、国际化视野拓展等方面的培养计划。例如,对于教学经验不足的年轻教师,可以安排教学导师进行一对一指导,参加教学方法培训课程和教学观摩活动,提高教学水平;对于科研能力较强的教师,可以提供国际合作科研项目机会,参加高水平学术会议资助等,促进其科研成果国际化水平的提升。对于行政人员,根据其岗位特点和职业发展规划,提供管理能力培训、专业技能提升等方面的培养计划。如对财务人员进行新财务法规和财务管理软件培训,对学生管理人员进行心理健康教育和学生事务管理培训等,提高行政人员的综合素质和服务能力。

2.职业发展通道拓展

拓展高校人才的职业发展通道,为教师和行政人员提供多元化的发展路径。对于教师,除了传统的职称晋升通道外,还可以建立教学型教师、科研型教师、教学科研并重型教师等不同类型的发展路径。教学型教师可以在教学质量评估、教学成果奖评选、课程建设等方面取得突出成绩后获得相应的职业发展和待遇提升；科研型教师则以科研项目申报、科研成果发表和转化等为主要发展方向；教学科研并重型教师则在教学和科研两方面都有相应的考核指标和发展路径。对于行政人员，建立行政职务晋升、专业技术职称评定、行政与学术交叉发展等多种发展路径。例如，行政人员可以通过参加管理类专业技术职称评定，如经济师、会计师等，提升自己的职业地位和待遇；同时，鼓励有学术背景的行政人员参与学校的教学和科研工作，在行政和学术两个领域实现共同发展。

(三)人才激励与保留机制

1.多元化激励措施

建立多元化的人才激励措施，激发高校人才的工作积极性和创造性。物质激励方面，除了基本工资和绩效工资外，设立多种奖励项目，如教学优秀奖、科研创新奖、管理服务奖等，对在教学、科研、管理等方面表现突出的人才给予物质奖励。同时，改善人才的福利待遇，如提供住房补贴、子女教育优惠、健康体检等，解决人才的后顾之忧。非物质激励方面，注重对人才的精神激励和职业发展激励。给予优秀人才荣誉称号，如"教学名师""科研标兵""优秀行政工作者"等，增强他们的荣誉感和归属感。为人才提供更多的发展机会和平台，如担任学科带头人、项目负责人、行政部门领导等，让他们在工作中实现自身价值，激发内在动力。

2.人才保留策略

为了留住优秀人才，高校需要制定有效的人才保留策略。营造良好的工作氛围和校园文化，让人才在学校感受到尊重、理解和支持。加强与人才的沟通和交流，了解他们的工作和生活需求，及时解决他们遇到的问题。建立人才流失预警机制，对可能出现人才流失的情况进行提前预测和防范。例如，通过对人才的工作满意度调查、离职率分析等方式，发现潜在的人才流失风险。对于有离职倾向的人才，及时与其沟通，了解原因，采取针对性的措施，如调整工作岗位，提供更好的发展机会，解决待遇问题等,尽量挽留人才,确保学校人才队伍的稳定。

八、塑造和谐包容的多元文化环境

(一)文化多样性的接纳与融合

1.多元文化意识培养

高校作为知识汇聚和人才培养的重要场所,应积极培养师生的多元文化意识。通过开展多元文化教育课程、讲座、工作坊等活动,向师生介绍不同国家、民族、地区的文化特点、历史背景和价值观念。例如,开设世界文化概论课程,系统讲解世界各地的文化体系,包括风俗习惯、艺术形式等方面的内容;举办国际文化节,邀请各国留学生展示他们国家的传统服饰、美食、音乐和舞蹈,让师生在亲身体验中感受文化的多样性。同时,利用校园媒体、宣传栏等多种渠道,传播多元文化知识,营造浓厚的多元文化氛围,使师生能够理解和尊重不同文化之间的差异。

2.跨文化交流与融合平台搭建

搭建跨文化交流与融合的平台,促进不同文化背景的师生之间的互动与交流。建立国际学生交流中心,为国际学生和本国学生提供交流活动的场地和资源。在这个中心,可以举办语言交换活动,让国际学生和本国学生互相学习对方的语言;组织文化讨论小组,针对不同的文化话题进行深入探讨,增进彼此的了解。此外,鼓励学生社团开展跨文化主题活动,如国际文化俱乐部可以组织跨国文化体验之旅、跨文化模拟联合国等活动,让学生在实践中锻炼跨文化沟通能力,促进不同文化的相互融合。在教师层面,设立国际合作交流项目和学术访问计划,促进教师之间的跨文化学术交流,推动不同文化背景下的教学方法和科研理念的相互借鉴与融合。

(二)包容差异的校园文化建设

1.建立包容的校园文化价值观

构建以包容差异为核心的校园文化价值观,倡导师生以开放、包容的心态对待各种文化差异。在学校的规章制度、校训、校风中体现包容精神,将包容作为评价师生行为和品德的重要标准之一。例如,在处理师生之间因文化差异而产生的冲突或误解时,引导双方从对方的文化背景出发,理解和包容彼此的行为和观点。同时,通过校园文化活动、宣传教育等方式,强化包容价值观,让师生认识到文化差异是丰富校园文化的宝贵资源。

2.营造平等和谐的人际关系氛围

在校园中营造平等和谐的人际关系氛围,消除因文化差异可能导致的歧视和偏见。加强师生之间、学生之间的沟通与理解,建立相互尊重、相互信任的关系。学校可以开展一些团队建设活动和文化融合项目,让不同文化背景的师生在共同参与的过程中增进感情,打破文化隔阂。例如,组织国际师生混合组队的校园寻宝活动、文化主题的团队拓展训练等,在活动中培养师生之间的团队合作精神和相互包容的品质。同时,在教学和管理过程中,确保所有师生在资源分配、机会获取等方面享有平等的权利,不论其文化背景如何,都能得到公正的对待,从而营造一个和谐包容的多元文化环境。

九、提升高校行政管理的应急管理环境

(一)应急管理体系的完善

1.应急预案制定与更新

建立健全高校应急管理体系,首先要制定完善的应急预案。针对可能出现的各类突发事件,如自然灾害(地震、洪水等)、公共卫生事件、安全事故(火灾、实验室爆炸等)、社会安全事件(校园暴力、群体性事件等),分别制定详细的应急预案。应急预案应包括事件的预警机制、应急响应流程、各部门和人员的职责分工、应急资源的调配、后期恢复与重建等内容。例如,在自然灾害应急预案中,明确规定地震发生时师生的疏散路线、避难场所的设置、救援队伍的组织和协调等具体措施;在公共卫生事件应急预案中,涵盖隔离措施、医疗救治、物资保障等环节。同时,根据学校的发展变化、外部环境的更新以及应急演练中发现的问题,对应急预案进行定

期更新和完善,确保其科学性和有效性。

2.应急指挥中心建设

建立应急指挥中心,作为高校应急管理的核心枢纽。应急指挥中心应具备实时监控、信息收集与分析、指挥调度等功能。通过安装监控摄像头、传感器等设备,对校园内的重点区域(如教学楼、实验室、宿舍、食堂等)进行实时监控,及时发现异常情况。同时,整合学校各部门的信息资源,包括人员信息、物资储备信息、应急队伍信息等,利用信息技术进行快速分析和处理,为应急决策提供依据。在突发事件发生时,应急指挥中心能够迅速启动应急响应,统一指挥调度学校的应急资源,协调各部门和人员开展应急救援工作,确保应急处置工作的高效有序进行。

(二)应急资源保障与管理

1.应急物资储备与管理

加强应急物资储备与管理,确保在突发事件发生时有充足的物资保障。根据应急预案的需求,储备必要的应急物资,如应急照明设备、消防器材、防护用品、医疗急救用品、食品和饮用水等。建立应急物资储备清单和管理制度,明确物资的种类、数量、存放地点、保管人员等信息。定期对应急物资进行检查、维护和更新,确保物资的质量和性能良好。同时,建立应急物资调配机制,根据突发事件的类型和严重程度,合理调配物资,优先保障重点区域和关键环节的物资需求。

2.应急队伍建设与培训

组建专业的应急队伍,包括消防队伍、医疗救护队伍、安全保卫队伍、应急救援志愿者队伍等。应急队伍成员应具备相应的专业知识和技能,如消防队员要熟悉消防器材的使用和灭火救援技术,医疗救护人员要掌握基本的急救知识和技能。加强对应急队伍的培训和演练,提高其应急处置能力。培训内容包括应急理论知识、应急技能操作、团队协作训练等方面。定期组织应急演练,模拟不同类型的突发事件,让应急队伍在实践中熟悉应急响应流程,提高应急反应速度和协同作战能力。同时,加强对全体师生的应急知识普及和培训,提高师生的自我保护意识和应急逃生能力,如开展火灾逃生演练、地震避险知识讲座等。

(三)应急沟通与信息发布机制

1. 内部应急沟通机制

建立高效的内部应急沟通机制,确保在突发事件发生时学校内部信息的畅通。明确在应急状态下各部门和人员之间的沟通方式和渠道,如使用应急通信设备,建立专门的应急联络群等。在应急指挥中心的统一协调下,各部门及时向指挥中心汇报工作进展和现场情况,同时接收指挥中心下达的指令。加强部门之间的横向沟通与协作,避免出现信息孤岛和协调不畅的问题。例如,在安全事故应急处置中,保卫部门、后勤部门、医疗部门等要及时共享事故现场的信息,如事故原因、人员伤亡情况、救援进展等,以便协同开展救援工作,提高应急处置效率。

2. 外部信息发布机制

建立规范的外部信息发布机制,及时、准确地向社会公众、政府部门、学生家长等发布高校突发事件的相关信息。指定专门的信息发布部门和发言人,统一对外发布信息。信息发布内容应包括事件的基本情况、学校采取的应急措施、师生的安全状况等。在发布信息过程中,要注意信息的真实性、完整性和时效性,积极回应社会关切。同时,与政府相关部门、媒体等保持良好的沟通与合作,接受政府部门的指导和监督,借助媒体的力量向社会公众传递准确信息,维护学校的社会形象和稳定。

第三节　高校行政管理体制的深化策略

一、高校行政管理体制深化的价值意蕴

高校行政管理体制是高等教育体制的核心部分,在高等教育体制改革中起着举足轻重的作用。

(一)行政管理体制改革是高校落实自主办学的迫切需要

提高高校教育教学质量的前提是高校内部行政管理科学化,而改革

高校内部行政管理的前提是扩大高校办学自主权,即高校不受政府过度行政管理约束,结合自身的发展实力,独立行使进行院校改革的权力。具体而言,扩大高校办学自主权是指政府对高校管理进行"放权",使高校对内具有教师招聘、招生、专业设置、院系设置及物质资源分配等自主权,对外具有服务社会、联系企业、引进投资、科研成果产业化等自主权。

新时代背景下,各高校若要在新一轮高校竞争中胜出,必须落实自主办学,将改革重点聚焦于高校行政管理体制。高校只有实现科学的行政管理,才能落实高校办学自主权,以管理促发展。当然,政府适当放权给高校,高校要合理、科学地落实并使用自主权,承担相应的责任与义务。对此,高校关键在于进行行政管理体制机制改革,促进管理效益最大化,从而真正落实、合理使用自主权并提升综合实力。

(二)行政管理体制改革是高等教育步入普及化阶段的客观需求

随着我国高等教育规模的不断扩张,高等教育已经步入普及化阶段,高校的办学规模也随之不断扩张。高校行政管理体制改革是针对高校内部进行的改革,高校的发展壮大离不开改革。高校突破自身行政管理体制出现的弊端与问题,进行大胆改革,积极探索新时代背景下适合高校发展的管理新举措,对推进高校的建设发展具有重要意义。

在高等教育发展新阶段,高等教育的高质量可以为社会及个人带来效益,高等教育的公平公正依旧是社会关注的焦点。高校行政管理体制改革是保障高等教育质量的客观需求。对此,各高校要积极进行相关体制改革。一方面,高校行政管理人员要加强相关研究,以高校行政管理学理论指导实践,解决管理问题;另一方面,高校要进行合理的管理人员职位安排,提高管理水平和效益,充分发挥高校行政管理作用与价值,提高办学效益,不断满足高等教育普及化阶段的客观需求。

(三)行政管理体制改革是国家行政体制改革深入推进的体制要求

国家行政管理体制改革以优化政府职能、提高政府公共服务为目标。

因此,国家要实行简政放权。在高等教育领域,国家赋予高校足够的办学自主权,高校行政管理改革由高校自行主导,政府主要起监督作用。所以,高校行政管理体制改革不仅是高校自我革新及提升综合实力的重要举措,更是国家行政体制改革的重要组成部分。"国家通过深化高校行政管理体制改革,推动高等教育治理体系现代化,进而完善中国特色社会主义制度。这一改革既是高校提升办学活力的内在要求,也是国家行政体制改革的关键环节,为巩固人民民主专政、维护社会和谐稳定提供了制度保障。"加强高校行政管理体制改革,是社会公平接受高等教育的保障,是促进社会发展的动力,是维护社会稳定的重要支撑。

二、高校行政管理体制深化的策略探讨

(一)更新行政管理理念

人才培养是高校工作的重点,高校教育教学工作、行政管理工作都应围绕人才培养这一基本职能而展开,加强高校行政管理体制改革是高校教育教学工作的质量保障。当前,由于高校管理者和行政管理人员对高校行政管理理念认识不足,影响了行政管理体制改革实施。对此,高校应更新行政管理人员管理理念,加强管理人员素质培训。

第一,高校应召开行政管理体制改革相关会议和主题论坛,让行政管理人员深入学习解读相关国家政策。通过政策学习,提升高校行政管理人员的整体素养,培养其责任意识,明确高校行政管理改革的目标与方向。

第二,高校应加强行政管理人员的专业知识培训。行政管理人员需要具备专业的管理理论知识与探索学习的能力,并及时更新自己的知识储备,积极学习国内外优秀的院校管理经验,通过理论指导实践,从而保障高校行政管理目标的实现。

第三,从行政管理人员自身来看,一方面应自觉承担管理责任,服务高校教育教学工作;另一方面应提升责任意识,积极参与工作,提高工作效率,防止职业倦怠现象的出现。

(二)厘清行政管理职责

高校行政权力与学术权力是高等教育管理体制的重要组成部分,这两种权力相辅相成。学术权力是高校行政管理职权实施的目的与核心。当前,高校行政管理职权泛化,致使高校处于行政至上的状态。要解决这一棘手的问题,高校必须厘清行政管理人员的职责,重视学术人员的权力。

第一,高校应在校内各个行政部门营造学术探究氛围,充分发挥行政管理人员学术探究的自我监督职能。

第二,高校应加强对高校教育教学、科学研究的资源配置,从物质投入方面增加对高校学术的重视,提高行政管理人员服务学术的认知与意识,平衡高校学术权力与行政权力。

第三,高校应建立公平、公正、公开的决策体系。例如,高校可以充分发挥教职工代表大会、学生会的作用,让教师代表、学生代表与行政管理人员共同参与学校决策等有关事宜的讨论,提高高校行政管理工作实施的有效性。随着国内高校自主办学改革的不断深化与发展,高校需要进行决策的相关事宜越来越多,厘清高校行政管理人员职责,明确高校教师、学生、行政管理人员等利益相关者参与决策的权利与义务,对高校的发展非常重要。

(三)完善行政监管义务

我国正处于社会转型的关键时期,高校行政管理体制必须进行改革,以适应社会经济、文化的发展。高校应完善高校行政管理部门的监管职责,构建高校行政管理人员的考评问责机制,促进高校行政管理的变革与发展。

对此,高校应建立健全行政管理工作过程的监管体系,对高校行政管理人员的工作分为三个阶段进行实时监督。

第一阶段是工作之前,要求行政管理人员以问题为导向,发现需要整改的事项,结合传统管理方式与经验,创造性地提出整改意见和建议,并向有关人员公开。

第二阶段是工作过程中,高校应简化办事流程,相关部门应在受理整改材料之前提前介入调查,缩减审批时限,分离材料审批程序与实际调查程序,缩短解决问题的时间,提高工作效率。

第三阶段是工作之后,高校行政管理人员应进行工作总结。高校建立的管理人员考评指标应涵盖以上两个阶段,从而提高管理人员工作积极性。另外,高校应精简行政管理部门,协调行政职能,重视行政考评。高校行政管理部门进行改革,必须以建立考评问责机制为核心,构建高效办事、协同共进、规范有序的高校行政管理体制。

(四)变革行政管理职能

科学的行政管理运行机制是高校正常运行的保障。加强高校行政管理体制改革不仅需要显性的制度改革,更需要隐性的管理文化建设,营造民主的行政管理环境。

1.培养师生参与学校管理的民主意识

一方面,高校的本质属性是学术性,高校教师应将学术与学校发展紧密结合,培养自身参与学校管理的意识,积极参与学校管理;另一方面,高校应将学生纳入学校管理体系,积极采纳和实施大学生提出的相关可行性建议。

2.充分发挥高校师生民主监督的作用

高校应积极发挥"教职工代表大会"和"学生会"的作用,充分发挥高校师生民主监督的作用,促进高校行政管理改革工作的完善与发展。高校应不断提升自治能力,提高行政管理工作效率,从而使高校行政管理更加完善,提升整个高校行政管理水平及综合实力。

第四节　高校行政组织机构的变革策略

一、加强组织机构建设与行政机关人才培养

强化党组织在高校行政机关中的领导核心地位,坚定党的教育理念,始终坚持高校行政机关在党的领导下服务高校师生的角色定位。鉴于高

校行政机关党员比重大的优势,要严肃党风党纪,倡导党员发挥好先锋模范作用,主动积极投身行政机关组织建设,弘扬党员踏实肯干的优良作风,服从高校行政效能建设和治理能力现代化大局,执行好、落实好机关事务工作,追求质量与效率并进,构建以党组织为核心的行政组织效能建设体系。

坚持人才引进与人才培养并举以及强化综合素质培养。要针对高校行政机关人才队伍的实际情况实施好、落实好人才引进计划,让人才进得来、留得住、发展得好,解决人才引进的待遇问题,制订人才引进的远、中、近期发展规划,让新鲜血液在行政机关中展现活力。根据行政机关现有干部队伍情况,分批次、分层次、分情况推进强化综合素质培养。积极提供学习平台的同时建立学习进步鼓励机制,促使人们愿意进步、愿意学习、愿意发展。

深化编制改革与社会性聘用激励机制建设同步推进。鉴于高校行政机关中存在一定数量的临聘人员和劳务派遣人员,对于优秀且能力卓越的人员,要积极引导考编入编,同时酌情向主管单位申请专项编制,提供转岗转编的机会;对于自身条件稍逊,但办事踏实、作风优良的机关临聘人员和派遣人员,要坚持人文关怀与激励机制并行的方式,使其既要有获得感,又要有归属感,从而实现"激励"与"保健"并存。

二、加强成本控制与优化资源配置及管理

健全机关资金审计与预算责任制度,完善财务管理制度。行政机关制定全面预算方案,细致严格,将总量控制与时间节点管理相结合,对月度、季度、年度预算进行专项审计管理,对预算执行机关进行资金审计,使每一笔预算都处于监督管理之下;同时继续执行并强化预算责任制,责任到人,贯彻落实到位。此外,财务行政机关深化行政审批改革,不断完善现有财务管理制度,对具体财务报销项目进行分类处理,多环节同步进行。依托组织建设中的人才队伍建设成果,积极培养专业人才,从人力和程序上共同解决报销滞缓问题。

建立开支公开透明制度与服务商市场化准入和淘汰机制。推动开支公开管理制度建设,坚持及时公开与主动公开并行,同时要求审计机关和纪检监督部门及时跟进。此外,对于支出项目周期较长的开支进行阶段性公开与报告,使每一笔经费开支在阳光之下进行。引入服务商市场准入与淘汰机制,执行市场比价与质量评测工作,严控招投标纪律。准入之后分季度、分学期对服务商进行考核与综合评价,保留高质量的服务商,淘汰评测靠后的服务商。定期开展市场价格询价工作,主动与服务商议价,控制好服务成本。

优化资源分配与管理机制,解决需求的同时鼓励创收。针对各个行政机关的具体情况与人员配比要求,按需进行资源划拨,同时深入考察各个行政机关经费使用和管理情况,根据需求进行拨付,杜绝浪费。同时鼓励担任科研任务和有市场业务的机关走向市场,积极创收,在改善营收条件的同时严守纪律,使创收处于监管之下,使内部条件改善与外部资源利用的机制成为推动解决行政成本效能建设问题的重要途径。

三、完善决策机制与加强民主参与及科学决策

优化高校内部治理现代化顶层设计,在学校党委领导下积极推进领导班子治理理念现代化建设。高校领导班子须立足本区域高校发展实际,同时也要以科学的教育观念、强烈的革新意识、开放的格局与视野、虚心的进取态度同国内一流高校交流学习,并在此基础上带领全校师生及行政机关不断开拓进取。同时,主动与主管部门共同探索推进高校现代化制度建设。从制度与规章的层面明确高校发展的方向与未来,在此前提下坚持党委领导下的校长负责制与教职工代表大会、学术委员会等组织相结合,以提升内部决策机构的科学性与民主性。

构建决策分级负责机制与师生参与长效机制相结合。对于决策项目进行合理分级处理,不同层级的决策项目对照相应权限的行政机关,将决策权力下放,使主要行政决策机关有足够精力解决重大决策,而一般决策不再成为消耗时间的影响因素。师生参与长效机制一方面是构建师生长

效参与决策的制度,另一方面是积极主动公开决策项目的相关信息,并在师生群体中选出专业水平较高和个人素质较高的代表进行意见整合,使师生有渠道参与决策的同时能够了解具体内容并能够给予科学的意见和建议。

四、优化程序及规范流程与提升行政执行效率

遵循法定程序与科学设置程序相结合。依法规范行政机关事务指令,主动解释和引导执行人员理解行政机关行政指令或任务,加强纪检监察机关对行政事务执行过程的监督,及时对执行进度及执行结果进行反馈与评价。在设计程序时应提前试验,在小范围内进行试点,并在这个过程中不断修正和简化程序,缩短行政机关事务办理周期,在通过验证后,再根据各个行政机关的具体工作性质,以实际情况为出发点进行推广实施。

构建行政执行承诺负责制与公开化、标准化行政事务办理机制。在推动整合行政执行责任制与失职追究责任制的同时,加强行政机关工作人员绩效考评机制建设,使行政机关工作人员既受到事务执行过程中的制度监督,又能够通过良好的工作绩效机制得到激励。建立及时、公开标准的行政事务办理机制,利用现代化信息技术进行流程公开,并集中开展针对事务办理流程的规范化培训。统一规范高校内部各个具体行政单位的行政文书格式,建立标准化上下行文制度,主动建立"空中文件信箱",集中共享、发布并及时更新规范性文件,解决行文不畅和审批滞缓等问题。

五、加强服务能力建设与提升工作能力

构建高校行政机关工作人员职业教育与培训机制。针对其行政业务的不确定性、培训的短期性和低效性问题,确立轮训制度,分批次、分周期进行轮训,同时确立教育结果考核机制,考核过程中实行奖惩制度,使其有机会为提升服务能力而学习,且学习是有效果、有成绩的;同时提供并

打造跨部门学习和实践平台,让优秀的行政机关工作人员有交流学习的机会,在了解其他部门工作的同时,反思并改进自己的工作行为和方式;鼓励年轻好学的行政机关工作人员继续深造,提升学历层次,通过多渠道、多平台提升行政机关工作人员的综合素质与工作服务能力。

第五节　高校绩效考核机制的完善策略

高校教师的绩效考核是一个持续优化的过程,建立健全的考核机制仍需结合实践不断完善。在新时代背景下,为充分发挥高校体制机制的独特优势,需设计出独特的考核机制,并及时发现问题加以改进,提升高校师资队伍的水平。在进行机制设计的过程中,应当将制定科学合理的绩效考核标准置于首位,只有依据相应的考核标准,才能达到优胜劣汰的效果,挑选出满足高校需求的教师,有助于实现高校与教师的互利共赢。

一、设定合理的考核目标

作为高校人力资源管理的核心部分,教师绩效考核对实现战略目标、提高办学质量等方面具有重要意义。教师绩效评价是一个长期连贯的系统工程,涉及指标设计、运用、考核反馈以及结果运用等关键环节。只有从绩效考核目标的设定着手,才能对绩效考核进行高质量的管理。

(一)设立明确的教师绩效考核目标

绩效考核目标是否清晰应当注重两个方面。一方面,要确保客观公正地呈现教师教学、科研等工作内容;另一方面,要结合学校自身特色因地制宜。其中,为保证客观公正地评价教师工作绩效,可在考核体系中设立合理适当的奖惩制度,以此调动教师的主动性,激发创造热情,努力为社会输送更多优秀人才。在结合学校特色方面,可在绩效考核的教学、科研或社会服务等不同方面给予合理的权重,以此明确学校的绩效评价导向,持续提升办学质量。

（二）合理规划教师绩效考核的目标

教师自身的工作目标、工作任务等应与学校总体战略目标保持一致，二者紧密联系，不容分割。学校的战略目标对教师的行为具有指导意义，而教师在制定工作目标时也应当考虑学校的战略方向。学校需要时常给予教师人文关怀，建立合理的考核机制，让教师融入整个考核过程，提高其参与度。教师在实现个人目标时，应当努力寻找与学校长远目标相契合的着力点，将工作视为终身的事业，这样也有助于教师自身获得精神上的满足。

二、制订科学的考核计划

（一）学校层面的绩效考核计划

高校在制订绩效考核计划时，可以一年为一个考核周期，并以高校上级主管部门作为考核主体之一。在考核过程中，要充分发挥绩效考核的监督管理作用。在实践中，各个职能部门需要综合分析与评价高校全年度的业务数据等情况，并结合考核计划获得绩效的终极考核结果。

（二）部门层面的绩效考核计划

部门层面的绩效考核由绩效考核部门负责，考核周期分为年度和季度两种。在每个季度第一个月份的第一周，需要完成上个季度的考核工作。每个部门都要结合考核结果，分析管理中出现的问题并制定有效的完善措施。每年十二月中旬，需完成年度绩效考核，同时，年度绩效考核结果可作为部门获取年终奖金的参考依据。在实践过程中，需联合财务部门等，对各个维度的数据进行综合分析，结合年初考核计划中的考核标准，得出最终的考核结果，并将考核结果及时反馈给各个部门，当部门没有异议后，该结果即为终极的考核结果。

（三）岗位层面的绩效考核计划

对于各个岗位的绩效考核工作，高校需要把考核的工作分派给部门。同时，在日常的部门考核过程中，部门内应成立一个内部考核小组，考核周期可选择年度和季度相结合的方式，进行不定时考察，并将考察的结果作为绩效考核的一项内容。一般情况下,需在每个月的第一周内完成对上个月的考核工作,并将考核结果作为行政管理人员奖金发放的参考。同样,可在每年十二月的最后一周完成年度考核,并将考核结果作为行政管理人员年终奖发放的参考依据。在执行过程中,考核小组根据部门成员的业务情况和日常表现等,对绩效考核指标进行合理评分,经负责人审核之后,被考核者需签字确认才能得到最终考核结果。此外,在对行政管理人员进行绩效考核过程中,还需采用不定时的抽查考核方法,主要目的是了解行政管理人员偏离绩效目标的原因,并制定调整措施。

三、制定合理的考核标准

要在绩效指标选取的基础上制定合理的考核标准。第一,选择高校层面的绩效指标,可结合之前的分析结果确定。高校长期战略目标是建成国家级、具有极强影响力的综合性高校。为实现这一战略目标,高校可尝试平衡自身的财务指标与非财务指标以及内外部利益关系等。第二,选择部门与行政管理人员级别的绩效指标,可结合各个层级的绩效目标设定绩效指标。高校每个部门的职能与业务内容不同,所以高校在选择各个维度的考核指标时,需要各部门充分考虑到自身特征,进而将高校的战略目标进行细分,设定出部门需完成的绩效目标。第三,当三个层级的总绩效目标设定后,绩效考核者需在新循环开始的绩效计划中,围绕高校的战略目标和绩效反馈结果,与被考核者进行交流,挑选出最佳指标,进一步构建全新的绩效考核标准。

四、建立多元化考核主体

主要的考核评价对象是教师本人、身边同事和上级领导。理论上,这些不同层次的考核对象有助于保证考核结果的准确性,但就现实中的实际情境本身而言,考核情况不尽如人意。

另外,针对外部评价对象和主体缺失的情况,在教师绩效考核主体对象中,可以引入外部专家和学生,以增强主体的丰富性。其中,学生的评价对学校而言十分重要;外部的专家学者本身具有高水平的知识素养,且重要的是他们与本校教师之间不存在利益关系,这样能够最大限度地保证绩效考评结果的客观公正性。

(一)自我评价

因为教师自我评价是绩效考核评价的重要内容之一,所以存在作弊的概率较大,因而难以充分发挥自我评价的作用。为避免此类情况导致绩效考核结果失真,自我评价结果不应计入绩效考核结果。但是,教师本人往往比他人对自己更为了解,进行自我评估能够有助于提高自身绩效。所以,在进行自我评估时,教师可以在这个考核周期中客观地评价自己的表现,承认自己的不足,及时发现问题并加以纠正。

(二)同事评价

教师除了对自己、学校和学生负责外,还必须与同事交流和学习,以实现相互或多边合作,进而为社会培养更多的人才。教师之间会相互比较,期望获得更多利益,由于他们主要的专业和学术背景相似,且相互交流相处的时间较长,所以对在职教师的各个方面有着更深入的了解。

(三)学生评价

教师的首要责任是教育学生。一般来说,基于学生的内在需求对教师进行评价是最准确的。教师整天与学生交流,学生的评价是非常重要的一部分,因为学生是最能够直观地评价任课教师教学水平和能力的群体。

(四)专家评价

校外聘用的专业人员通常具有更广泛的知识和技能,例如绩效考核评估知识和经验,并且与校内教师没有利害关系,所以在对教师进行绩效考核评价时更加客观、准确、全面。

(五)领导评价

领导评价主要有两种类型:直接领导评价和间接领导评价。其中,直接领导评价主要针对教研室负责人,而间接领导评价的主体是校长。在评价过程中尤其要注意避免"人情"因素,遵循公正公平原则。

五、制定灵活的考核方法

根据高校教师的职业发展规律,结合专业资格与教学实际,不断深化教师分级管理,逐步构建教师分类考核体系,探讨教师工作类型和等级。学校可以通过多种优质的教师资源补充方式,开设不同类型的岗位,从合同管理、工作重点、聘任评估周期、应聘制度等方面着手,设立博士后、全职研究员、助理教职员工等岗位。丰富学校人才队伍,完善人才招聘机制,降低用人风险,精简用工模式。

以"双一流"建设为基础,结合学校发展需要,遵循"按需设立、按岗用人、分类管理、目标考核、按岗定薪、优绩优酬"的管理原则,在学校教师中设立教学研究岗位、教学岗位、科研岗位和实验技术岗位等,建立多种教师职业生涯发展"通道",设置专职教师岗位,为不同类型、不同特点的教师提供职业发展渠道。教师可以根据自身发展需求合理选择发展渠道,从而激发教师的工作积极性与创新性,为学校与教师共同发展提供保障。

为建立教师分类评价标准,学校教学科研单位必须明确并制定岗位任职标准与岗位工作目标。以科学、技术、人文、经济、管理等各级各类专业特色为基础,根据不同专业特点,将教师任职期间的岗位目标归纳到教师考核评价体系中。签订岗位目标责任书,建立各类教师岗位目标签约制度,依据法律法规,从数量和质量上完善和规范各岗位职责、目标和任务,实现团队与个人发展的良好结合。基于分类管理,科学评价教师教学水平。只有这样,才能对教师的岗位职责履行情况进行系统评价,才能反映绩效考核指标的科学性、客观性和公平性。

高校可以探讨改进和优化教师专业评价的方式,进一步细化教师分类评价标准。一方面,按照不同岗位进行分类评价,将教师类型分为教学型、科研型、教学科研型,同时对实验技术岗位教师评价条件、专职科研岗位教师评价条件做出明确规定,教师可以根据实际工作情况与工作理念,选择想要参与评价的岗位。另一方面,科学、技术、人文和经济、工商管理等学科的评价指标,需根据学科特点的不同,在专业分类和评价体系方面有所差异。

根据岗位类型和学科类型的不同,设置相应岗位和学科的具体评价指标,添加专职教学指标、思政课教学指标、高教管理指标、辅导员指标等一系列考核指标,同时,研究的范畴又分为基础研究和应用研究两种类型,应用研究类型以技术为导向,强调项目和成果的转化率。

六、强化绩效考核结果的运用

绩效考核最为重要的一环就是考核结果的有效运用。具体而言,首先,应尽量降低绩效考核的"神秘感",即让教师理解并熟悉绩效考核的内容,高校也要及时将考核结果反馈给教师。其次,考核结果要与奖惩相匹配。比如将考评结果划分为优秀、良好、合格和不合格四个等级,对于前三种等级可以按照一定的比例发放绩效工资或者晋升职位,对于不合格的教师可以结合实际情况进行岗位调换或者扣除绩效奖励。

总而言之,只有合理、高效运用考核结果,才能真正调动教师的工作热情,使教师明确自身价值与定位,发现自己的不足与缺陷,从而确定自己的努力方向,激发主动工作的积极性。另外,考核成绩要与系部的相关工作挂钩,这样可以促进系部教师对教师的管理和监督,有利于推动相关工作的进一步开展。

高校教师考核评价组将评价结果以书面形式通知教师。教师若对评价结果持不同意见,可以在规定期限内向评价组申请复议。评价组根据教师提供资料对结果进行复议,并在规定时间内给予教师书面回复。在评价期间,既要肯定教师的工作表现,又要找出教师工作中的不足,同时进行有效的绩效反馈。绩效反馈是考核者和被考核者之间就评价结果进行的正式沟通。有效的绩效反馈可以检查教师的绩效,在考核期间还可以发现教师的不足并讨论改进措施。在反馈过程中,不同意评价结果的教师可以向考核者提出申诉。绩效申诉可以有效降低评价中人为因素的负面影响,通过双方的沟通使考核公开化,确保评价的公平公正。对于学校的整体竞争力而言,绩效反馈意味着教师个体目标不断向学校整体发展目标靠拢,两个目标必须保持一致,才能不断提高学校的核心竞争力。

根据本学年教师绩效考核结果,以目标为导向制订下一学年绩效提升计划。根据绩效考核结果,探索教师绩效考核分类管理,充分展现各专职教师的专业能力,以便有针对性地进行培训。

第六节　高校行政管理执行力的提升策略

一、提升高校行政管理执行力的重要意义

(一)提升高校战略规划能力

当前,我国教育体制改革不断深化,尤其是在高等教育普及化逐渐加强的社会大背景下,我国高校办学竞争日益激烈。为创设更好的教育环境,高校制订了一系列顺应改革发展的战略规划。要推动这些战略规划的落地,不仅需要领导层面做出科学的战略决策,还需要行政管理队伍具备强大的执行能力。

(二)提升行政效能

行政管理人员的执行力是提升整个高校行政效能的关键。因此,高校行政管理人员的执行力强弱,关系到高校办学目标和办学宗旨能否顺利实现,关系到高校各项行政计划能否落地实施。特别是在高校不断扩招的情况下,高校行政管理工作繁多且复杂,而行政管理人员数量有限。在这种情况下,只有提升执行力,行政效能才能显著增强。

(三)提升行政管理人员质量

对高校管理工作而言,行政管理工作至关重要。一个高校行政管理执行力的高低能够体现出该校战略决策、工作部署的实践能力和操作能力的水平。随着管理理念的不断更新,高校的行政管理系统应做出相应改变,行政管理队伍也应选拔一些具有创新能力和吃苦耐劳精神的人才。

随着高校工作目标的增多,行政管理人员的工作内容愈加繁杂,在这种情况下,提高高校行政执行力显得十分关键。

(四)提升行政管理工作认知

从一所高校的行政管理能力可以看出该校的管理水平。只有每个行政管理人员都认真负责地完成工作,才能确保行政管理工作的正常开展。提升行政管理人员的认知水平,对于行政管理执行力建设十分关键。

当前形势下,教育理念一直在不断更新,大学生的思想行为也有很大改变,这些都为高校行政管理制度的施行带来了困难。面对这些困难,高校要增强行政管理者对执行力的认识,对现有的行政管理模式进行改革。管理人员认知能力的提升,便于更好地开展日后的行政管理工作。

二、提升高校行政管理执行力的对策

(一)树立科学管理理念

为了更好地开展行政管理工作,根据高校的实际管理情况制定科学合理的管理制度。首先需要将行政管理工作进行详细划分,明确每个人的职责,使行政管理各个环节工作的开展更加清晰明了,整体工作的进行更加有序。高校对行政人员的管理也要做到科学合理,细化管理过程,将责任落实到每个工作人员,提升高校行政管理工作效率。

1. 构建完善行政问责机制

行政执行者集权力与责任于一身,正所谓"权力越大,责任就越大"。因此,在行使权力的同时,行政执行者必须承担相应的责任。为了清晰划分权力与责任,确保在权力执行过程中做到恪尽职守,就必须将"失职惩戒与失职人员职位晋升、岗位津贴挂钩"。高校在制定这方面相关制度时,不仅要明确问责主客体、问责的事由和后果,还应对问责的方式和程序加以明确,确保问责机制的可行性,使其能够落到实处。问责机制要面向所有人,不得有例外和特殊情况。

2. 建立有效的激励机制

行之有效的激励机制能够有效激发教师队伍的工作热情和积极性。

尤其是在高校人才竞争日益激烈的今天,吸引和留住更多高素质教师人才成为高校管理的重点。因此,学校在提高行政执行力的过程中,从"保健激励因素"和"内部激励因素"两个方面入手,激发教职工的主动性和积极性,构建适合本校的薪酬激励机制,为学校教师提供更好的工作环境、荣誉激励等。不仅如此,激励办法还应该因时制宜、因人而异,真正从教师的需求出发,提高激励机制的可行性。

(二)优化行政管理水平

管理人员专业素质的提高对提升高校整体行政管理水平十分重要。学校可以定期对行政管理人员进行培训,以此提高管理人员的执行力和综合素质,从而实现高校行政管理工作的可持续发展。行政管理人员也应该着重提升自身专业素质,在思想上紧跟时代潮流,及时对管理方式做出调整,处理好细节工作,培养自己的应变能力,以便在出现紧急情况时能够从容应对,更好地完成高校的行政管理工作。

行政管理工作的有序开展能够推动其他管理工作的进行,对行政管理改革工作也有很强的促进作用。在日常工作开展过程中,行政管理人员可以不断地积累经验,结合高校的实际情况对行政管理模式进行调整和更新。同时,高校领导也应顺应发展趋势,认识到行政管理工作的重要性,通过加大行政管理工作力度,确保其他各项管理工作顺利进行。管理政策的确立也要以行政管理的工作要求为依据,任用专业团队来进行行政管理工作,更好地为教职工和学生服务。

(三)加强管理团队合作意识

要想更好地完成行政管理工作,贯彻落实行政管理政策,首先,要确保全体成员在思想意识上的统一性,使其摒弃传统的管理理念,在管理上更加精细化。领导干部应该率先响应号召,制定有效的监督评价机制,对行政管理工作予以更多关注,将行政管理工作落实到各个环节。其次,行政管理人员也应该及时做出改变,适应新的管理方式和管理制度,通过培训认真了解行政管理的核心内容,将其应用到实际工作中,不断提高自身专业素养。在体会行政管理工作对于高校发展重要性的同时,促进自身发展。

一个团队的成功离不开每个成员的努力,对于行政管理人员来说,要想更好地完成行政管理工作,需要团队成员具备一定的责任感,在其他成员遇到困难时能够及时伸出援手,保证行政管理工作的顺利进行。在提升执行力的实践中,做到分工明确,每个人都能够及时准确地完成自己的任务。团队成员之间建立有效的沟通机制,每个成员都能够正视他人对自己的评价,面对自身的不足可以及时做出改进,尽可能地挖掘自己的潜力,不断提升自己。团队成员之间相互学习、共同进步,在不断提高团队综合实力的同时,也提高了高校行政管理的执行力。

(四)建立决策机制

完善合理的决策机制是保障高校行政管理层执行效果的关键,在高校行政管理工作中,学校领导以及行政部门要结合学校实际情况,建立科学的决策机制,这是真正提升行政管理执行力的前提。在建立决策机制的过程中,要做到以下几点。

1.合理制定管理目标

学校管理层与行政部门要结合学校实际情况以及教学目标,制定科学、合理的管理目标。以这个管理目标为依托,全面推行学校教育教学的改革与创新。管理目标的制定要结合学校外部环境以及学校内部情况,审时度势地提升管理目标和发展战略目标的有效性。

2.坚持人本化管理原则

高校行政部门要积极引入先进的管理理念,在管理中坚持"以人为本",落实民主意识,并将其贯穿于整个行政管理工作之中。学校管理层以及行政部门还应该鼓励和引导全校师生积极参与高校行政管理,在学校构建反馈机制时,随时了解全校师生的意见和建议,以此优化决策议题,为提高高校行政管理执行力提供保障。

3.建立完善的问责制度

在高校建设发展的新时期,学校行政部门要坚持从学校实际情况出发,制定完善的问责制度,对有过失的管理人员进行严格的责任追究,确保高校决策机制的规范性、有序性。

(五)完善监督机制

完善的监督机制是学校行政管理部门执行力得以发挥的保障。因此,学校行政管理部门、教学科研部门要团结协作,结合学校实际情况弥补和完善监督机制,全面提升行政管理部门执行情况的监督与考察力度,以推进高校与国家政策制度的有效落实,营造学校内部良好上下级关系,从而促进高校行政管理工作的落实。

高校行政部门在完成任务的过程中,首先要做好规划和统筹,明确提升执行力的方法,从整体上灵活掌握任务完成的进度,根据预期计划对各个管理工作和管理任务进行跟踪,并定期考察工作和任务完成得是否顺利、全面。通过这样的方式缩小计划与实际执行之间的差距,提升行政管理部门的执行力。

档案管理是学校管理的重要内容,档案是学校重大事件以及建设发展的记录和载体。因此,要更好地促进高校的发展,提高行政管理部门的执行力,其中重要的一环就是做好档案管理工作。学校可以利用书面方式或电子方式对高校行政管理与评价进行记录,将重要的数据信息完整地存储起来,对高校行政管理评价过程进行验证,进而实现对高校行政管理执行力的监督作用。

高校要拓宽监督途径,在发挥纪律检查机关监管作用的同时,强化党风廉政建设,并将民主理念融入监督管理之中,实现高校行政管理各项措施和方针的落实。同时,高校高层管理者要公开听取教职工对高校行政管理各方面的意见和建议,实现高校行政管理执行力的全方位提升。

(六)营造执行力文化氛围

营造积极、浓厚的文化氛围,能够有效激发行政管理者的工作热情和积极性。高校经历长期发展,会积累和沉淀很多价值观念、文化理念与行为规范。执行力文化将执行力作为终极目标,能够约束人的行为,引导人的思维,提升学校核心凝聚力。在良好执行力文化的影响下,执行者会将文化内涵完美融合到自身思想意识与行为习惯之中,最终成长为具有良好执行力与自觉性的管理者。高校营造良好执行力文化氛围,还能够有效凝聚人心,鼓励执行者积极进行创造,最大限度地挖掘执行者的潜力;执行者能够充分认识到工作、生活、学校之间的联系,进而更加乐于主动投入工作之中,乐于与师生同甘苦、共患难。在这种文化的影响下,学校的各项战略决策会得到更加高效、有序地贯彻和落实。

1. 打造良好的选人环境

高校在进行人才招聘和人才培养的过程中,必须坚持公平、公正、客观的基本原则,采用多元化方式,优中选优,最大限度地做到"人岗匹配",将个人才能与职位功能完美融合,把好高校人才选拔关。

2. 打造良好的调岗环境

高校在新人岗位分配上,如果出现不合理的情况,那么就应适当进行调整,根据人才特点以及岗位性质进行匹配,最大限度地发挥人才价值和岗位功能,降低工作人员的工作难度,从侧面为高校行政管理提供支持。

3. 通过宣传营造良好管理氛围

舒适、和谐的工作氛围往往能使工作事半功倍。因此,在提升高校行政管理执行力的过程中,要注重管理氛围的营造,营造适宜的管理氛围是执行力提高的必要条件。具体来说,高校要加大宣传力度,使教师、学生对行政管理体制和机构更加熟悉,奠定执行力实施的基础,减少错误认知;管理机制要与学校实际情况相符,要结合学校发展需求不断完善和优化,只有符合高校工作实际的管理机制,才能够充分发挥出效能,促进高校的建设发展;高校要积极创新、探索和尝试打破传统管理机制,与社会形势、教育政策的变化保持一致,引导行政管理人员积极创新和探索;高校要正确面对管理中遇到的各类问题,敢于面对和突破,了解自身管理中存在的不足,并在此基础上进行分析和了解,切实解决问题;高校管理机制包括内外两个方面,要加强内部监督与外部监督的整合,提升行政管理人员的自觉意识和主动意识,实现积极管理、主动服务,促进高校行政管理人员能力素质的长远发展。

4.强化行政管理人员的责任感

在提升高校执行力文化时,学校要重视管理人员责任感的培养。通过各种教育、培训、演讲活动,使管理者认识到自身的责任,能够对自身岗位有正确而全面的认知,了解到自身发展与学校发展之间的必然联系,能够将自己的职业生涯与学校发展相结合,强化行政管理者的社会责任感。学校是人才培养的基地,具有社会责任感与优秀素质的行政管理人员可以为学生树立榜样,在潜移默化中影响学生的世界观、人生观、价值观。

(七)加强理论学习

在新的发展时期,高校之间的竞争日渐激烈,竞争的关键在于综合办学能力,而提高学校综合办学能力的关键是强化学校领导层与教师队伍建设,将教学方法创新、教研活动与行政管理人员能力提升同步进行。通过各种教育、培训,使其能够掌握更多理论知识。在面对复杂形势时,管理人员与教师都能够客观分析问题、解决问题。

高校行政管理人员要不断强化理论学习,懂得与各部门进行交流、互动,提升各部门工作效率,积极学习贯彻全国高校思想工作会议精神,为学校教育事业作出贡献。同时,行政管理人员还要善于思考,积极更新思维方式,用发展的眼光看待问题,善于进行管理方法的创新,将高校行政管理工作推上新的台阶。

第七节　高校行政管理人员绩效管理体系的构建策略

一、高校行政管理人员绩效管理体系的构建

行政管理人员参与绩效考核体系构建是保证体系有效运行的重要基础。因此,绩效考核的负责人要与高校领导进行沟通,在获得认可后,可以通过召开会议的方式与高校各个学院的主任进行沟通,明确体系的可

行性,找出体系中存在的问题并确定优化方案。当大家达成共识后,可以通过官网或公众号等方式通知行政管理人员。此外,还需要和各个学院进行交流,及时了解各个学院对体系的建议与意见,积极采取有效的措施。需要指出的是,沟通是积极鼓励所有行政管理人员参与,以便制定科学合理的绩效考核体系。

(一)设计合理的体系框架

1.绩效计划过程

此过程主要是结合高校的发展战略,设计具体的绩效目标与行动计划等,并根据上个环节反馈的信息,进一步优化绩效计划。同时,还需要进行有效沟通,从而实现上下级达成共识。

2.绩效监控过程

这个过程主要体现为绩效辅导,即与工作者进行互动交流,采纳基层职工提出的有效意见。同时,可以利用观察、记录等方式,对高校的绩效考核情况进行持续追踪。

3.绩效考核过程

这个过程是对高校整体、各个部门和行政管理人员绩效计划完成情况进行全面的评价与考核。高校可以采取月度、季度、年度以及不定期抽查考核相结合的方式实施评价与考核,最终获得的结果可以认定为最终评价结果。

4.绩效反馈过程

高校的绩效考核者需要结合绩效考核结果,与被考核者进行面对面沟通,进一步了解绩效考核中存在的问题,确保绩效考核的人性化。在谈话过程中,考核者可以获取被考核者的建议与意见,并结合实际情况将这些内容作为绩效考核优化的参考依据。

(二)促进全员沟通与参与

开展有效的绩效沟通是必不可少的,同时沟通应该贯穿于绩效考核所有环节,这对于绩效监控过程具有重要的意义。如果缺少沟通,绩效监控过程就无法有效地与绩效计划、考核相结合,高校的绩效考核将流于形式,难以产生价值。因此,高校的绩效考核部门必须在有效沟通的基础上,组织开展高校绩效考核的监控管理工作,从而达到绩效考核的终极目标。只有全员参与沟通,并保证沟通的有效性,才能实现管理者对于行政管理人员的绩效辅导。基于此,在高校绩效考核优化过程中,管理部门要为行政管理工作者提供多样化的沟通渠道与形式,例如,利用高校的电子信息系统建立一个绩效考核沟通渠道,让行政管理人员及时了解自己的绩效情况,并随时与管理者进行交流与沟通。

(三)进行深入细致的职位分析

职位分析是现代人力资源管理所有职能工作的基础和前提,是指通过对工作岗位科学规范地分析,从而确定该岗位的工作目的、工作内容、职责权限、工作关系以及任职资格等主要内容,并最终完成该岗位职务说明的一项管理活动。进行深入细致的职位分析对高校行政管理人员绩效管理体系的科学建立具有重要意义。

第一,职位分析为绩效标准的确定提供依据。高校行政管理人员的绩效管理存在目标不明、标准模糊的问题,什么是组织所认可与鼓励的"好",什么是岗位所需要与肯定的"绩",这些问题涉及价值观和绩效标准。若不澄清,将很难有进一步的推进。职位分析能够明确说明各岗位的工作内容、工作方法、工作程度,以及达到该程度所需的能力、资历与工作技能,还有以后的职位通道等。这些岗位描述和资格分析是确定绩效标准和考评要素的直接依据。

第二,职位分析为绩效管理的有效实施提供了依据。对于绩效管理的实施而言,职位分析明确建立了职位的绩效标准,一方面,可以使高校行政管理人员明确什么是工作的有效绩效,什么行为产生有效绩效,以及鼓励哪些绩效等,使其能够更好地开展各自的工作;另一方面,也使绩效考评人员能够据此清楚地知道每个岗位应该考评什么、用什么标准进行考评等,使绩效管理的实施有的放矢。

第三,职位分析为绩效改进的方向和方法提供依据。绩效管理的各个环节或目标旨在实现绩效改进,若没有明确的方向和有效的方法,改进只是空谈。定编、定岗、定责及工作再设计等这些改进绩效的主要手段都必须在职位分析的基础上完成。通过职位分析,可以有效建立工作岗位的要素指标,确定工作岗位的价值等级,明确任职者的能力和资格要求,为人力资源计划的编制、人力资源的调配和人力资源的开发提供理论基础,实现科学定编定员,进而达到改进绩效的目的。

对高校各个职能部门和二级学院所有行政管理岗位进行深入细致的工作职位分析,是构建绩效管理体系的第一步。

(四)适当关注团队绩效

高校的特点要求每个行政管理岗位的人员具备多种能力,而每个人的能力结构各不相同,同时,一个人的能力也是有限的,并且高校的行政管理是一个完整的系统,许多管理工作相互联系、相互影响、相互制约。所以,在高校行政管理人员绩效管理体系的构建中,不能只关注个人绩效而忽视团队绩效,这就需要在进行个体绩效考评指标的设定时,根据各岗位的实际情况,适当加入一些与团队绩效和流程相关的指标,并通过团队绩效目标及相关工作流程将具有不同能力结构的人融合在一起,量才用人,各展所长。这样才能够形成团队成员互促共赢的局面,实现绩效最大化。

在高校行政管理人员绩效管理体系中,可以加入行政管理人员在工作中协助他人完成工作任务的部分考评项。对一个完整的行政机构进行团队化考核时,可以将团队每个人的考核成绩与团队整体绩效挂钩。也只有这样,才能真正从整体上发挥出团队协作的巨大潜力,实现整体绩效的提高。

二、高校行政管理人员绩效管理体系的保障

(一)制度保障

高校需要以制度的形式明确各个岗位工作人员应承担的职责。在对相关制度进行优化之后,管理者能够清晰地了解自己负责的范围和应考核的目标,确保高校的绩效管理工作有章可循。高校还需要建立适宜的

制度,营造良好的上下级沟通氛围。当行政管理人员遇到问题时,可以及时向管理者反馈。如果出现分歧,行政管理人员可以畅所欲言。这种方式能鼓励全员参与绩效管理。同时,还需要制定完善的奖惩制度作为保障。激励制度可以激发行政管理人员的工作热情,使其积极主动地完成工作,进一步推进高校的发展与进步。而适当的惩罚也非常必要,因为惩罚制度可以约束行政管理人员的行为。

(二)人员保障

人员是新体系的实践者,直接影响着绩效体系的实践效果。绩效考核小组主要负责绩效体系的实施,在具体工作中,需要小组成员明确自己的责任与义务,正确行使自己的权力,激发行政管理人员的工作热情。管理者需要了解各个部门与被考核者对体系运行的看法,也要以正确的态度看待行政管理人员,认识到行政管理人员的重要作用。

绩效管理体系是一个整体,行政管理人员和管理者同等重要。只有得到行政管理人员的理解与支持,才能更好地实现组织目标与行政管理人员的个人目标。强化行政管理人员的主人翁意识和归属感,使其为自己是高校的一员而感到自豪。

行政管理人员之间要进行有效合作与交流,以提升绩效的质量。当出现问题时,要及时将问题上报给管理层,管理层应进行全面分析,制定出有效的措施,这样才能调动行政管理人员再次提出意见或建议的积极性,确保体系的有效实施。

(三)文化保障

绩效体系在应用过程中,也需要文化保障。高校需要将战略目标与文化进行有机结合,以提升行政管理人员对校园文化的认可度,发挥校园文化的积极作用。同时,引导行政管理人员学习高校文化具有重要意义。一方面,通过知识学习,可让高校行政管理人员及时了解自身存在的问题,积极学习新的业务知识与技术,形成新的观念与意识,促进管理工作创新;另一方面,可以强化高校行政管理人员的服务理念,从而培养"以人为本"的服务意识。

参考文献

[1]王虹力,赵宇侠,姜春田.高校教育管理实践与探索[M].长春:吉林人民出版社,2024.

[2]袁小平.非营利组织管理:理论与案例[M].武汉:华中科技大学出版社,2024.

[3]高建勋.高校行政管理理念与路径[M].武汉:武汉理工大学出版社,2024.

[4]王艳荣.现代高校财务管理的实施与创新[M].长春:吉林大学出版社,2024.

[5]宁宇,邓杰,杨光.高校图书馆建设与管理创新[M].北京:应急管理出版社,2024.

[6]王佳琦.高校学生管理理论与实践创新策略[M].北京:北京教育出版社,2024.

[7]张俊杰.我国高校教育管理创新研究[M].北京:中国纺织出版社,2024.

[8]王禄佳,王培培.高校学生管理工作创新与实践[M].长春:吉林出版集团股份有限公司,2024.

[9]陈燕.高校教育管理创新与实践研究[M].北京:文化发展出版社,2024.

[10]黄梨锦,韦家旭,庞汉彬.高校大学生管理模式与创新研究[M].北京:中国纺织出版社,2024.

[11]邱玮.三全育人视域下高校管理模式创新探究[M].北京:原子能出版社,2024.

[12]滕俊婷.大数据背景下高校教育管理信息化发展与创新[M].北京:

九州出版社,2024.

[13]崔金辉.高校教育管理创新与发展研究[M].天津:天津科学技术出版社,2023.

[14]程飞,邹彬.高校学生工作管理创新模式研究[M].北京:北京燕山出版社,2023.

[15]蒋尊国,蒋丽凤.高校教育管理探究[M].长春:吉林出版集团股份有限公司,2023.

[16]许莲花,李印平,鲁美池.高校教育教学管理创新研究[M].成都:四川大学出版社,2023.

[17]王洪法.新时期高校教育管理理论与实践研究[M].北京:中国商务出版社,2023.

[18]陈冬梅.高校行政管理理论与创新研究[M].北京:北京工业大学出版社,2023.

[19]闫玉洁,邹林.高校行政管理与人力资源管理研究[M].北京:中国商务出版社,2023.

[20]胡芹龙.高校行政管理与执行力创新研究[M].长春:吉林人民出版社,2023.

[21]赵怀娟.社会工作行政[M].上海:华东理工大学出版社,2022.

[22]眭依凡,刘爱生,蔡连玉,等.高校内部治理体系创新的理论与实践研究[M].上海:上海交通大学出版社,2022.

[23]卓志沅.现阶段高校行政管理长效机制构建及应用[M].西安:西北工业大学出版社,2022.

[24]高健磊.新时期高校管理与发展路径探索[M].北京:中国政法大学出版社,2021.

[25]梁丽肖.教育信息化背景下高校管理机制探究[M].长春:吉林人民出版社,2021.

[26]杨宗岳.行政管理必备制度与表格典范[M].北京:企业管理出版社,2020.

[27]邵妍,朱朝阳,辛曙杰.新时期高校教育与行政管理研究[M].长春：吉林文史出版社,2020.

[28]荣仕星.高校行政管理实例分析[M].北京：中央民族大学出版社,2019.

[29]邹菲菲.高校行政管理执行力研究[M].长春：吉林科学技术出版社,2019.

[30]李继.高校行政管理工作研究[M].延吉：延边大学出版社,2018.